Kleines Lexikon Islam

Das „Kleine Lexikon Islam“ will die Begegnung mit Muslimen im Alltag erleichtern. Die Autoren stehen seit über zehn Jahren im christlich-islamischen Dialog und wissen genau, welche Klischees, Falschurteile und Vorurteile der unbefangenen Begegnung, dem Miteinander, im Wege stehen – Vorurteile, die insbesondere durch die einseitig am Politischen und Spektakulären orientierten Massenmedien verursacht werden. Ihre reichhaltigen Erfahrungen in der Lehrerfortbildung mit Religionslehrern wollen sie mit diesem Buch weitergeben, den Leserinnen und Lesern die Angst vor dem Islam nehmen, dessen Hauptprinzip der Gedanke der „Barmherzigkeit“ ist.

Dr. phil. Monika Tworuschka, geboren 1951 in Herford. 1970-1975 Studium der Islamkunde, Vergleichenden Religionswissenschaft und Politikwissenschaft an der Universität Bonn. Promotion mit einer Arbeit über „Die Rolle des Islam in den arabischen Staatsverfassungen“ (1976). Zahlreiche Veröffentlichungen zum Islam. Vortrags- und publizistische Tätigkeit. Verheiratet mit Udo Tworuschka, vier Kinder (Miriam, Christopher, Sarah, Ronja).

Dr. phil. Udo Tworuschka, geboren 1949 in Seesen/Harz, Professor für Evangelische Theologie und ihre Didaktik (Schwerpunkt: Religionswissenschaft) an der Universität zu Köln. Studium der Vergleichenden Religionswissenschaft, evangelischen Theologie und Anglistik. Seit 1984 apl. Professor in Köln. Seit 1982 Direktor des „Interdisziplinären Instituts für Religionsgeschichte. Zahlreiche Veröffentlichungen zur Religionswissenschaft, insbesondere zum Islam, sowie zum interreligiösen Lernen. Publizistische Tätigkeit in Hörfunk, Fernsehen und Printmedien.

Kleines Lexikon Islam

Christen begegnen Muslimen

Monika und Udo Tworuschka

Christliche
Verlagsanstalt
Konstanz

Bibel · Kirche · Gemeinde, Band 43

Umschlagbild: Archiv für Kunst + Geschichte, Berlin.
Die Abbildung zeigt die Sure 1: Die Eröffnung (al-Fatiha)
1 Im Namen Gottes, des Erbarmers, des Barmherzigen. 2 Lob sei Gott, dem Herrn der Welten, 3 dem barmherzigen Erbarmer, 4 dem Herrn des Gerichtstages. 5 Dir dienen wir, dich rufen wir um Hilfe an: 6 Führe uns den geraden Weg, 7 den Weg derer, denen Du Gnade erwiesen hast, und nicht derer, die Gegenstand des Zorns sind und die in die Irre gehen.

Die Deutsche Bibliothek – CIP-Einheitsaufnahme
Tworuschka, Monika:
Kleines Lexikon Islam: Christen begegnen Muslimen / Monika und Udo Tworuschka. – 1. Taschenbuch.-Orig.-Ausg. – Konstanz: Christl. Verl.-Anst., 1992
(Bibel, Kirche, Gemeinde; Bd. 43)
ISBN 3-7673-7643-1
NE: Tworuschka, Udo.; HST; GT

1. Taschenbuch-Originalausgabe 1992

Gesamtherstellung: Jacob Druck GmbH, Konstanz
ISBN 3-7673-7643-1
Printed in Germany

INHALT

Vorwort

Der Islam ist mit rund einer Milliarde Bekenner zahlenmäßig ungefähr genauso groß wie das Christentum. In der Bundesrepublik Deutschland leben heute rund 2 Millionen Muslime. Damit ist der Islam neben evangelischem und katholischem Christentum die drittgrößte Religionsgemeinschaft. Jedes zehnte Schulkind in Nordrhein-Westfalen ist islamischen Glaubens. Immer noch wissen Christen viel zuwenig über die Muslime, ihren Glauben und ihre Lebensweise. Immer noch wirken Namen wie Mohammed, Allah und Koran fremd, lösen Vorbehalte und Ängste aus.
Wir haben das „Kleine Lexikon Islam" geschrieben, um Christen die Begegnung mit den Muslimen zu erleichtern. Daher finden sich auch viele ganz praktische Stichworte. Über zehn Jahre Erfahrung im christlich-islamischen Dialog stehen hinter den Sätzen dieses Lexikons. Wir wollen den Leserinnen und Lesern Mut machen, den Dialog mit den Muslimen aufzunehmen, Begegnung zu suchen, wo immer sie möglich ist. Miteinander – nicht Gegeneinander oder Aneinandervorbei: Nur so läßt sich unsere Zukunft gestalten. Für Christen gibt es viel im Islam zu entdecken: Gott, den „barmherzigen Erbarmer"; den Glauben als Geschenk Gottes; die Propheten des Alten Testaments; Jesus, den „Sohn der Maria"; die praktische Frömmigkeit. Das „Kleine Lexikon Islam" möchte ein Reiseführer sein bei der Reise in die fremde Welt des Islam. Wenn dieser Glaube am Ende der Entdekkungsfahrt weniger fremd geworden ist, dann ist der Sinn des Buches erfüllt.

Bad Münstereifel, im März 1992 *Monika und Udo Tworuschka*

A

ABBASIDEN

Das Herrschergeschlecht der Abbasiden führte ihre Herkunft auf einen Onkel des Propheten al-Abbas ibn Abd al-Muttalib ibn Haschim zurück. Ihr Vorgehen gegen die Umaiyaden (um 749) gehört zu den Oppositionsbewegungen, die für die Übernahme des Kalifats (→ Kalifat) durch einen Verwandten des Propheten (→ Mohammed) eintraten und die allgemeine Unzufriedenheit gegen ihre Vorgänger ausnutzen konnten. Unzufriedene Muslime unterschiedlichster Art fanden sich unter der Führung eines Nachfahren Alis, Mohammed ibn Hanafiyya, zusammen. Dieser hatte behauptet, daß Ali (→ Ali) ihm das Kalifat bei seinem Tode übertragen hatte.
Nur einem Mitglied der Umaiyyadenfamilie, Abd ar-Rahman, gelang es, den Verfolgungen der Abbasiden zu entkommen. Er floh über Nordafrika nach Spanien und gründete in Cordoba ein Gegenemirat, das 938 von Abd ar-Rahman III. in ein Kalifat verwandelt wurde und bis 1031 bestand. Das Kalifat von Cordoba erlangte unter diesem Herrscher seine größte innere Geschlossenheit und Blüte. Bereits der zweite Abbasidenkalif, al-Mansur (754-775), der nach dem Gründer der Dynastie, Abu'l Abbas, das Amt übernahm, verlegte die Hauptstadt von Damaskus nach Bagdad. Ihm gelang es auch, den Einfluß der Familie gegen die Gegnerschaft von Umaiyyadenanhängern, Schiiten (→ Schiiten) und anderen Kritikern der Umaiyyaden, die sich übergangen fühlten, zu bewahren. In der vom Buddhismus zum Islam übergetretenen persischen Adelsfamilie der Barmakiden fanden al Mansur und seine Anhänger geschickte Helfer beim Aufbau eines neuen Staats- und Verwaltungsapparats. Die Rolle dieser Familie ist typisch für den zunehmenden persischen Einfluß während der Abbasidenzeit. Auf die beiden Kalifen al-Mahdi (775-785) und al-Hadi (785-786) folgte Harun ar-Raschid (786-809), dessen Regierungszeit einen kulturellen Höhepunkt darstellt. Nach seinem Tod entwickelte sich der Streit zwischen seinen Söhnen al-Amin und al-Mamun zu einer Art Bürgerkrieg, in dem auch eine Gegnerschaft zwischen Persien und Irak zum Ausdruck kam.
Obwohl als offizielles Ende der Abbasidendynastie die Eroberung Bagdads durch die Mongolen (1258) gilt, war ihre Position schon vom 10. Jahrhundert an mehr oder weniger nomineller bzw. rein geistlicher Natur. Schon vorher war die Herrschaft über Syrien und Ägypten an die Tuluniden (868-905) sowie über Nordafrika an die unabhängige Dynastie der Aghlabiden verloren worden. Dort regierten später die teilweise bis Spanien vordringenden Dynastien der Almorawiden, Almohaden und Abdalwadiden.

Der General des siegreich aus dem Thronstreit hervorgegangenen Mamuns, at-Tahir, gründete in Khorasan die Tahridendynastie. Unter Mamun (813-833) und seinem Nachfolger al-Mutasim (833-842) verstärkte sich der türkische Einfluß, während unter dem Kalifen al-Mustakfi (944-946) die iranisch-schiitischen Bujiden faktisch die Macht übernahmen. Etwa ein Jahrhundert später wurden sie von den türkisch-sunnitischen Seldschuken verdrängt (1055).
Es gab nun schon lange kein geschlossenes islamisches Reich mehr, sondern eine islamische Welt, in der das Kalifat vornehmlich geistliche Autorität genoß und die Lokalherrscher in den verschiedenen Gebieten sich offiziell vom abbasidischen Schattenkalifat in ihrem Amt bestätigen ließen. Auch die Bujidenund Seldschuken erkannten das Kalifat in Bagdad an. Lediglich das Umaiyyadenkalifat in Cordoba und die Fatimiden, die von 909-1171 in Ägypten ein schiitisches Gegenkalifat errichtet hatten, billigten die abbasidische Oberhoheit nicht. 1258 bereitete der Mongolensturm dem Abbasidenkalifat ein Ende.

ABRAHAM

Abraham (Ibrahim) gilt als Prophet Gottes (→ Propheten und Gesandte): „Er war ein Wahrhaftiger und ein Prophet" (19,41). Darüber hinaus bezeichnet ihn der Koran als „ersten Muslim", „Vorbild für die Menschen" und „Anvertrauter" bzw. „Freund Gottes". Mohammed beruft sich schon sehr früh auf die übrigen Schriftbesitzer (→ Schriftbesitzer). So ist bereits in der vierten geoffenbarten Sure (74,31) von den „Gläubigen" (Muslimen) und denjenigen, „denen die Schrift gegeben wurde", die Rede. Schon in der als siebter geoffenbarten Sure (87,18-19) verweist der Koran auf die Verbindung mit Abraham: „Dies ist fürwahr dasselbe, was in den früheren Schriften war. Den Schriften Abrahams und Moses" (→ Moses). Abraham spielt neben Mose, Jesus und den übrigen Propheten Israels als Verkünder der gleichen göttlichen Offenbarung in allen Zeitabschnitten der mekkanischen Periode eine Rolle. Wenn der Koran Juden und Christen tadelt, so beruft er sich dabei auf den uneingeschränkten Monotheismus Abrahams. Der Koran schildert: Abrahams Gotteserkenntnis; seine Kritik am polytheistischen Götterglauben; Abraham verläßt seinen Vater; er bittet für die vom Untergang bedrohte Stadt Sodom; Abraham unter der Eiche von Mamre und die Geschichte von der Opferung seines Sohnes Isaak. Gott verhindert, daß Abraham sein Vorhaben in die Tat umsetzt und seinen Sohn umbringt.

In Erinnerung daran begehen die Muslime am 10. Tag des Wallfahrtsmonats ihr größtes Fest (→ Opferfest).
Nach dem Koran hängt das Heiligtum der Kaaba in Mekka mit Abraham zusammen. Entweder erbauten Abraham und sein Sohn Ismael das Heiligtum, oder sie „reinigten" ein vorgefundenes Gebäude von polytheistischen Greueln. Außerdem begründete Abraham die Wallfahrt (→ Wallfahrt). Ein weiteres wichtiges Faktum ist schließlich Abrahams Ansiedlung einer gläubigen Gemeinde in Mekka. Insbesondere im katholisch-islamischen Dialog spielt Abraham eine große Rolle. In der ursprünglichen (dann geänderten) Version der dogmatischen Konstitution über die Kirche, „Lumen Gentium", heißt es: „Auch die Söhne Ismaels stehen nicht außerhalb der Offenbarung; sie anerkennen Abraham als Vater und glauben an den Gott Abrahams." Mit den „Söhnen Ismaels" sind die Muslime gemeint, die nach Ansicht des katholischen Islamgelehrten Louis Massignon gleichwertig neben Juden und Christen stehen. Papst Johannes Paul II hat öfter auf die verbindende Funktion von Abraham für Juden, Christen und Muslime hingewiesen. Im theologischen Sprachgebrauch werden die drei Religionen öfter „Abrahamsreligionen" genannt.

ABTREIBUNG

Der werdende Mensch unterliegt nach islamischer Ansicht der Verfügungsgewalt Gottes, nicht der seiner Eltern. Die Tatsache, daß die traditionellen Auffassungen der Rechtschulen (→ Rechtschulen) zu diesem Thema variieren, ist darauf zurückzuführen, daß man sich nicht einig war, von welchem Zeitpunkt an ein menschliches Wesen im Mutterschoß besteht. Daher erlaubte die hanafitische Rechtsschule (anzutreffen zum Beispiel in der heutigen Türkei), die überwiegende Mehrzahl der schafiitischen Rechtschule und die schiitischen (→ Schiiten) Zaiditen eine Abtreibung vor dem 120. Tag, weil sich erst dann bestimmte Teile des Körpers richtig ausgebildet hätten. Nach Auffassung der malikitischen Rechtsschule ist eine Abtreibung grundsätzlich verboten und nur bis zum 40. Tag bei Einverständnis beider Eltern unter bestimmten Umständen erlaubt. Für die hanbalitische Rechtsschule ist die Abtreibung nach dem 40. Tag verboten.
Die meisten Schiiten verhängten eine Geldstrafe für Abtreibung vor dem 40. Tag und erklärten sie nach diesem Zeitpunkt für verboten. Im Gegensatz zu diesen klassischen „Fristenlösungen" steht heute bei allen Rechtschulen die Schutzbedürftigkeit des menschlichen Lebens vom Zeitpunkt der

Zeugung an im Mittelpunkt. In Ägypten, Algerien, Iran, Pakistan und Türkei ist die Abtreibung prinzipiell verboten. Jedoch werden Ausnahmen eingeräumt, wenn das Leben der Mutter in Gefahr ist. In Tunesien und Marokko wird die medizinische Indikation weiter gefaßt: Anerkannt werden hier nicht nur die Rettung des Lebens der Mutter, sondern auch der Schutz ihrer Gesundheit. In Tunesien gibt es darüber hinaus eine Art Fristenlösung bis zum dritten Monat.

ADAM

Adam gilt im Koran (→ Koran) als der erste Mensch, außerdem als Prototyp der Menschen (→ Mensch), der „Kinder Adams", schlechthin. Adam wird als „Khalifa": „Nachfolger", „Statthalter", Stellvertreter" bezeichnet. Dabei läßt der Koran offen, ob Adam Nachfolger einer früheren Menschheit, der Dschinnen oder – wie in heutigen Korankommentaren oft zu lesen – „Gottes Stellvertreter" ist. Adams Frau wird im Koran nicht namentlich genannt. In der islamischen Tradition lautet ihr Name „Hawwa", Eva. Sie wird aus der Rippe ihres schlafenden Mannes geschaffen, der die Frage der anwesenden Engel nach ihrem Namen mit „Eva" beantwortet: „weil sie aus etwas Lebendigem geschaffen worden ist". Der Koran vergleicht Adam mit Jesus (→ Jesus): „Mit Jesus ist es vor Gott wie mit Adam. Er erschuf ihn aus Erde, dann sagte er zu ihm: ‚Sei', und er war."

Gott „lehrte Adam alle Dinge und ihre Namen" und forderte die Engel (→ Engel) auf, vor Adam niederzufallen. Alle Engel, außer Iblis, tun dies und drücken so aus, daß sie Adam anerkennen.

Adam und seine Frau wohnen im „Garten" (→ Paradies), der nach Ansicht der Koranausleger entweder im Himmel oder auf der Erde gedacht wird. Der Satan verführte das Urelternpaar – nicht etwa nur Adam allein –, von dem verbotenen „Baum" zu essen. Weil sie dem Verbot nicht folgen, werden sie „hinunter"-geschickt, also aus dem paradiesischen Garten vertrieben. Dort erhalten sie „Aufenthalt und Nutznießung für eine gewisse Zeit". Adam erhält von Gott „Worte" (der Umkehr), und der barmherzige Gott (→ Gott) wendet sich dem ersten Menschen wieder gnädig zu.

Im islamischen Schrifttum gibt es zahlreiche Erzählungen, die von Adam und Eva, ihrem ursprünglichen Paradiesesaufenthalt und ihrem darauffolgenden Schicksal der Vertreibung handeln.

AL-AFGHANI, DSCHAMAL AD-DIN

Al-Afghani (1839-1897) war ein islamischer Theologe und politischer Reformer, der ursprünglich aus dem schiitischen (→ Schiiten) Iran stammte, aber auch im Bereich des sunnitischen Islam wirken wollte und sich deshalb al-Afghani („der Afghane“) nannte. Seine Opposition sowohl gegen den europäischen Kolonialismus als auch gegen tyrannische und feudale Strukturen des Osmanischen Reiches (→ Osmanisches Reich) sowie gegen konservative theologische Kreise zwangen ihn, seinen Aufenthaltsort oft zu wechseln, so daß er zeitweilig in Indien, Afghanistan, Türkei, Ägypten und Europa lebte. In Paris gab er die panislamische Zeitung „Al-Urwa al-wuthqa“ (Das feste Band) heraus. Seine freisinnige Deutung des Islam war von der Idee einer Erneuerung der islamischen Staaten unter gleichzeitiger Wahrung der eigenen religiösen und kulturellen Identität beseelt. Obwohl er westlichem Gedankengut relativ offen gegenüberstand, ging er davon aus, daß die islamische Religion selbst alles Wesentliche zur Erneuerung enthält. Zu seinen Lebzeiten der Kritik orthodox-islamischer Theologen ausgesetzt, gilt er heute als einer der bedeutendsten Denker des Islam im 19. Jahrhundert.

AFLAQ, MICHEL

Michel Aflaq (geboren 1912) stammte aus einer griechisch-orthodoxen syrischen Händlerfamilie und verbrachte große Teile seiner Studienzeit in Paris. Zusammen mit seinem Freund Salah ad-Din Bitar gründete er die Baath-Partei (Baath = Erneuerung), deren Ideologie sowohl nationalistisches als auch sozialistisches Gedankengut enthält. Im Mittelpunkt der Baath-Ideologie steht der Glaube an die ewige Sendung des Arabertums. Diese Beschränkung auf das Arabertum steht im Gegensatz zum islamischen Umma-Gedanken; denn Muslime geben der Gemeinschaft aller Muslime den Vorzug, nicht jedoch einer Beschränkung auf alle Araber unabhängig von ihrer Religion. Dennoch steht die Baath-Ideologie dem Islam nicht feindlich gegenüber. Sie betrachtet den Islam als wichtigen Aspekt des arabischen Kulturerbes. Doch betrachtet sie den Islam nur zur Zeit seiner Entstehung als einen positiven Einfluß auf die arabische Welt. Später wird er auch für den Niedergang der Araber verantwortlich gemacht. Da der Islam für Aflaq und die Baath-Partei keine göttliche Offenbarung ist, kann man sagen, daß die Baath-Ideologie im Grunde ihes Wesens doch islamfeindlich ist. 1963 gelangte die Baath-Partei in Syrien durch einen Militärputsch an die Macht. Drei Jahre später kam es zu innerparteilichen Auseinandersetzungen. Aflaq und Bitar wurden ins Exil geschickt. In Syrien und Irak (seit 1968) befinden sich zwei Zweige der Neo-Baath an der Macht. Aflaqs wichtigste Schrift ist „Fi sabil al-Baath" (Auf dem Wege zur Erneuerung, 1953).

AHMADIYYA

Diese Sondergemeinschaft entstammt dem Umkreis islamisch-messianischer Bewegungen, die häufig im Islam aufgetreten sind. Der Mahdi („der unter göttlicher Leitung Stehende") ist eine dem Messias vergleichbare Gestalt. Er wird von Sunniten (→ Islam) wie auch Schiiten (→ Schiiten) erwartet. Am Ende aller Zeiten soll er erscheinen und den entarteten Islam erneuern. Berühmt geworden ist der blutig niedergeschlagene Mahdi-Aufstand im Sudan 1885.

Der aus Qadian (Panjab) gebürtige Hazrat Mirza Ghulam Ahmad (1835-1908) trat mit dem Anspruch auf, der Mahdi zu sein, hielt sich für das „Ebenbild Mohammeds". Die Bewegung spaltete sich recht bald in zwei Zweige: Die Lahore-Gruppe betrachtete Ghulam Ahmad nur als einen Reformer, während ihm die Qadiani-Gruppe den Status eines Propheten zubilligte. Seit 1982 wird die Ahmadiyya-Bewegung von ihrem 4. Kalifen Hazrat Mirza Tahir Ahmad geleitet, der den Titel „Khalifatul Mashih IV." trägt. Zentrum der Ahmadiyya-Bewegung ist Pakistan. Seit 1974 sind die Ahmadiyya-Qadianis offiziell aus der Gemeinschaft des Weltislam ausgeschlossen worden. Sie dürfen in der islamischen Welt keine öffentlichen Ämter bekleiden, Schriften publizieren und mit Muslimen Ehen schließen.

Zu den Sonderlehren der Ahmadiyya gehört die Behauptung, Jesus (→ Jesus) sei nicht am Kreuz gestorben, sondern nur ohnmächtig gewesen. Er sei von seinen Jüngern gerettet worden und auf der Suche nach den „verlorenen Schafen Israels" bis nach Kaschmir ausgewandert und dort im Alter von 120 Jahren gestorben. Das Grab „Yus Asafs" („Jesus der Versammler") wird heute noch in Srinagar gezeigt. In den letzten Jahren hat die Ahmadiyya große internationale Tagungen veranstaltet. Ziele der Ahmadiyya: Friede und Liebe unter die Menschen zu bringen. Die Ahmadis haben die „fünf Säulen" (→ Säulen, fünf) um das Gebot der Welteroberung und der Verbreitung des Korans (→ Koran) mit friedlichen Mitteln erweitert. Sie lehnen die Lehre von der „Abrogation" von Koranversen ab, also die Ansicht, daß

manche früheren Koranverse durch spätere Offenbarungen geändert worden seien. Die Hölle ist für die Ahmadis kein ewiger Zustand. Abtrünnigkeit vom Islam wird nicht durch den Tod bestraft. Die Ahmadis heben die geistigen Aspekte gegenüber den legalistischen hervor.
Die Ahmadiyya-Bewegung betreibt die intensivste und planmäßigste Missionsarbeit im Islam. In über 100 Ländern ist die Bewegung heute vertreten. Ein Schwerpunkt ihrer Missionsarbeit liegt in Afrika. Auch in Europa und den USA bemüht man sich, neue Anhänger zu gewinnen. Etwa 500 Anhänger hat die Ahmadiyya-Bewegung in Deutschland. Weit verbreitet und von hoher Qualität ist die Koranübersetzung der Bewegung.

ALEVITEN

Diese insbesondere in der Osttürkei vertretene schiitische (→ Schiiten) Richtung benennt sich nach Ali (→ Ali), dem Schwiegersohn Mohammeds (→ Mohammed). Ihn und seine Familie verehren die Aleviten sehr. Zuverlässige Zahlenangaben über ihre Größe gibt es nicht. In ihren Selbstdarstellungen ist von 6 Millionen Gläubigen die Rede. In der Türkei werden sie argwöhnisch betrachtet. Man hält sie für Häretiker, da sie die üblichen muslimischen Pflichten (→ Säulen, fünf) nicht anerkennen. Die Aleviten betrachten den Besuch der Moschee (→ Moschee) als unwesentlich. Es ist bei ihnen üblich, religiöse Versammlungen in Gemeinschaftshäusern nachts abzuhalten. Dabei gibt es keine strenge Geschlechtertrennung. Sogar gemeinsame Tänze finden statt. Von den „fünf Säulen" nehmen sie vor allem die erste ernst (→ Glaubenszeugnis). Die anderen Pflichten praktizieren sie wenig oder in abgewandelter Form. Die Fastenzeit (→ Fasten) beträgt nur einen halben Monat. Rituelle Waschungen führen sie nicht durch. Sie verzehren auch das Fleisch nichtrituell geschlachteter Tiere. Das Trinken von Alkohol (→ Alkoholische Getränke) und das Spielen von Musikinstrumenten ist ihnen erlaubt. Aleviten-Frauen kleiden sich weniger streng, tragen zum Beispiel keine Kopftücher (→ Schleier). Die Spannungen zwischen Sunniten und Aleviten bestehen auch in Deutschland. Oft werden die Aleviten als „Kommunisten" diffamiert. Sie sind Befürworter des Laizismus und wählen überwiegend die kemalistisch-sozialdemokratische CHP. Viele Aleviten sind sozialdemokratischen Ideen gegenüber aufgeschlossen.

ALI

Vetter und Schwiegersohn des Propheten Mohammed (→ Mohammed) und 4. Kalif (→ Schiiten). Er genießt bei den Schiiten, wo er als 1. Imam (→ Imam) gilt, große Verehrung (Regierungszeit 656-61).

ALKOHOLISCHE GETRÄNKE

Der Genuß alkoholischer Getränke ist im Islam verboten. Im Koran (→ Koran) heißt es: „O, die ihr glaubt, siehe, der Wein, das Spiel, die Bilder und die Pfeile sind ein Greuel von Satans Werk. Meidet sie; möge es euch dann wohlergehen."

Der Grund für dieses Verbot wird im nächsten Vers genannt: „Der Satan will nur zwischen euch Feindschaft und Haß werfen durch Wein und Spiel und euch abwenden von dem Gedanken an Gott und dem Gebet. Wollt ihr deshalb nicht davon ablassen?" Auch heute wird im Zusammenhang mit dem Alkoholverbot – abgesehen vom gesundheitlichen Schaden – insbesondere dessen gesellschaftszersetzende Kraft betont. Auf die Gefahren der Trunkenheit weist der Koran hin: „O, die ihr glaubt, nähert euch nicht trunken dem Gebet, sondern wartet, bis ihr wisset, was ihr sprecht" (4,46). Eine gewisse nützliche Wirkung des Alkohols wird vom Koran jedoch nicht in Abrede gestellt. Dennoch heißt es: „Sie werden dich befragen nach dem Wein und dem Spiel. Sprich: In beiden liegt große Sünde und Nutzen für den Menschen. Die Sünde in ihnen ist jedoch größer als ihr Nutzen" (2,219).

Während heute im Zuge der Re-Islamisierung (→ Re-Islamisierung) in den islamischen Ländern auf die Einhaltung des Alkoholverbotes besonders geachtet wird, gilt eine vom Arzt verordnete Medizin, auch wenn sie Alkohol enthält, weitgehend als erlaubt.

ALMOSEN

Siehe: → Zakat.

APOSTASIE

Apostasie: Glaubensabfall. Die immer noch nicht abgeschlossene Rushdie-Affäre ist das prominenteste Beispiel aus der jüngsten Vergangenheit.

„Ich teile den ehrenhaften Moslems in der ganzen Welt mit, daß der Autor des Buches ‚Satanische Verse', das gegen den Islam, den Propheten (→ Propheten und Gesandte) und den Koran (→ Koran) verfaßt, verlegt und veröffentlicht worden ist, und ebenso diejenigen Publizisten, die über dessen Inhalt Bescheid wußten, zum Tode verurteilt sind." Derart Ungeheuerliches verkündete am 14. 2. 1989 der iranische Schiitenführer (→ Schiiten) Ayatollah (→ Ayatollah) Khomeini in seinem Rechtsgutachten (→ Fetwa). Premierminister Musavi erklärte auf Anordnung Khomeinis daraufhin den 15. Februar zum nationalen Trauertag. Zahlreiche Personen und Organisationen im Iran setzten ein Kopfgeld auf den Autor aus, trieben es in kurzer Zeit auf Millionenhöhe.

Dem in Bombay geborenen, in England aufgewachsenen Salman Rushdie wird vorgeworfen, den Islam beleidigt zu haben: Er habe Gott geschmäht, den Koran besudelt, den Propheten verunglimpft. Der Generalsekretär der Welt-Moslem-Liga, Abdullah Umar Nasif, brachte auf den Begriff, um was es geht: „Irtidat", Glaubensabfall, Apostasie. Dieses Vergehen besteht darin, daß ein Muslim, der im Vollbesitz seiner geistigen Kräfte ist, die Kernaussagen des islamischen Glaubens (sowie daraus sich ergebende Konsequenzen) leugnet, nachdem er bereits einmal daran geglaubt hat. Das „Haus des Erteilens von Fetwas" (Dar ul-Ifta) – die Gelehrten in Mekka (→ Mekka) – verwendeten dagegen den Begriff „Zandiq", womit heute allgemein „Ketzer" bezeichnet werden. Auf beide Vergehen steht nach islamischem Recht die Todesstrafe.

Den Koran (→ Koran) wird man allerdings vergeblich durchsuchen, wenn man nach einer ausdrücklichen Legitimation für die Todesstrafe bei Unglaube sucht. Die heilige Schrift der Muslime verweist statt dessen auf Strafen im Jenseits. Sure 9,61ff. befaßt sich z.B. mit den „Al-Munafiqun", den „Heuchlern", Personen in Medina (→ Medina), die äußerlich vorgaben, islamisch zu sein, sich jedoch im Kreise von Gesinnungsgenossen über die Muslime „lustig" machten. Von ihnen heißt es, sie würden „Kufr", also „Unglauben", praktizieren, weil sie Gott, seinen Gesandten und die Offenbarung verspotten.

Die Aussagen der Hadithe (→ Hadith) sind situationsgebunden und liefern keine eindeutigen Anhaltspunkte für die Todesstrafe. Erst in den Rechtsbüchern werden die Verhältnisse eindeutig: Alle islamischen Rechtsschulen (→ Rechtsschulen), sunnitische wie schiitische, bestrafen Apostasie, Gotteslästerung, die blasphemische Verhöhnung des Propheten und der Engel mit dem Tode. Pakistan hat diese Religionsvergehen seit 1984 in seinem

Strafrecht verankert. Unerläßlich ist jedoch ein ordentliches Gerichtsverfahrens, wobei dem Angeklagten die Möglichkeit der „Tauba“, „Reue“, eingeräumt werden muß.

ARMUT

Die eschatologischen Suren (→ Koran) aus der frühen mekkanischen Zeit (→ Mekka) vermitteln ein eindrucksvolles Bild vom Schicksal der Reichen, die sich nicht um das Los der Armen kümmern. „Hast du den gesehen, der das Gericht leugnet, er ist's, der die Waise verstößt und nicht antreibt zur Speisung der Armen. Darum wehe den Betenden, die nachlässig in ihren Gebeten sind, die nur gesehen sein wollen und den Beistand versagen“ (107,1-7). Besitz und Armut werden im Koran nicht als persönliches Verdienst oder als Schande begriffen; denn Gott selbst ist für die Unterschiede verantwortlich. Viele Koranverse rühmen die Fürsorge des barmherzigen Gottes (→ Gott), der sich um alle seine Geschöpfe kümmert. Freiwillige Armut wird im Koran nicht gepriesen. In vielen Versen entsteht jedoch der Eindruck, daß die Reichen es schwerer haben werden, des Heils teilhaftig zu werden; denn Besitz ist vergänglich (18,44) und macht den Menschen nicht unsterblich (104,3). Die Gefahr, sich nur auf seinen Reichtum zu verlassen und dabei den rechten Glauben zu verlieren, kommt in verschiedenen Koranstellen zur Sprache.

Ein weiteres zentrales Thema im Koran ist die Pflicht der Reichen, die Armen an ihrem Besitz teilhaben zu lassen (→ Zakat). Während der Gedanke der freiwilligen Armut dem frühen Islam eher fremd ist, erfährt die Bewertung der Armut im Laufe der Zeit eine Wandlung. In der Mystik erhält sie einen beträchtlichen Stellenwert. Manche Sufis verstanden den Begriff Armut, der im Koran vorwiegend materiell gemeint ist, als geistigen Wert und empfanden sich als arm und heilsbedürftig vor dem Angesicht Gottes. Zahlreiche Sufis priesen den Gedanken freiwilliger Weltentsagung und materieller Armut.

Die langen Bürgerkriege, der Fanatismus einiger politischer Splittergruppen, der zunehmende moralische Verfall und militärischer Despotismus standen im krassen Widerspruch zum Ideal der Theokratie, so daß einige Gläubige sich voller Abscheu von der irdischen Welt absonderten. Weltflucht und Besitzlosigkeit bildeten zugleich die erste Stufe auf dem Bemühen um den rechten „Weg“ (Tariqa) zur Vereinigung mit Gott. In der Tat sind die Hauptbezeichnungen, unter denen islamische Mystiker im Westen bekannt sind: „Faqir“ und „Darwisch“, die beide arm bedeuten. Armut ist im Islam jedoch kein Selbstzweck, sondern ein Übergangsstadium zum Endziel.

Das für die Mystik typische „Gottvertrauen“ (Tawakkul) wurde im Rahmen neuer Wirtschaftskonzeptionen (→ Wirtschaft) jedoch auch kritisch als eine Ursache der Unterentwicklung islamischer Länder gesehen. Der Armutsbegriff spielt in modernen islamischen Wirtschafts- und Soziallehren eine Rolle. Wichtige Reformer wie Dschamal ad-Din al-Afghani (1838/39-1897) und sein bedeutendster Schüler Mohammed Abduh (1849-1905) betonten die Verantwortung der Wohlhabenden, die Not der Armen zu lindern, wobei sie sich unter anderem auf den Frühislam beriefen. Der Führer des syrischen Zweiges der Muslimbruderschaft, Mustafa as-Sibai, faßte den Begriff Armut weiter als bloße Entbehrung materiellen Besitzes: Armut ist für ihn gleichbedeutend mit der Beraubung der angeborenen Rechte jedes Menschen auf Leben und Erhaltung der Gesundheit, politische, religiöse, soziale und moralische Freiheit, Erziehung, Bildung und Besitz.

ASCHURE-TAG

Dieser Tag wird am 10. Tag des islamischen Monats Muharram (→ Kalender) begangen. Mit dem Monat Muharram beginnt das islamische Jahr. Außerdem haben viele bedeutungsvolle Ereignisse in diesem Monat stattgefunden: Der Prophet Mohammed (→ Mohammed) ist in diesem Monat von Mekka (→ Mekka) nach Medina (→ Medina) übergesiedelt. Der erste Mensch und Prophet, Adam (→ Adam), bat Gott um Vergebung; Noah (→ Noah) und seine Arche wurden vor der großen Regenflut in Schutz gebracht; Moses (→ Moses) rettete das Volk Israel vor dem Angriff Pharaos. Mohammed erklärte der Überlieferung (→ Hadith) nach auf die Frage, welche Monate außer dem Ramadan (→ Fasten) noch zum Fasten geeignet seien, daß dies der Monat Muharram sei, weil Gottes Gnade in ihm besonders groß ist. Daher ist der 10. Muharram ein besonderer Fasttag.

Der Aschure-Tag ist für die schiitischen Muslime (→ Schiiten) höchster Feiertag, weil man des Märtyrertodes Husains gedenkt. Die Söhne des Kalifen Ali (→ Ali), Husain und Hasan, wurden 661 nach Chr. bei Kerbela von dem umaiyyadischen Kalifen belagert und fanden schließlich den Tod. In schiitischen Ländern finden die Festlichkeiten, die schon Tage früher beginnen, ihren Höhepunkt in Prozessionen und Passionsspielen.

Bei den Türken wird Aschure als Fest der Errettung der Arche Noahs gefeiert. Als diese nämlich am Berge Ararat strandete, wurde ein Festessen aus allen Lebensmittelresten gekocht. Daher wird am 10. Muharram eine Süßspeise aus 40 Zutaten zubereitet und auch an Nachbarn, Freunde usw. verteilt.

ATATÜRK, MUSTAFA KEMAL

Der Begründer der türkischen Republik wurde 1881 in Saloniki geboren und besuchte von 1893-1905 Militärschulen in seiner Heimatstadt, Bitola und Istanbul. Im Ersten Weltkrieg kämpfte er bei den Dardanellen und der Kaukasusfront. 1919 wurde er zum Inspekteur der 3. Armee in Anatolien ernannt und nutzte die Gelegenheit, eine nationale Bewegung zu organisieren und nach der Besetzung Istanbuls durch die Alliierten eine Regierung der Großen Nationalversammlung in Ankara zu gründen. Als der Friedensvertrag von Lausanne (24. 7. 1923) die Unabhängigkeit der neuen Türkei sicherte, wurde am 29. 10. 1923 die Republik ausgerufen und Mustafa Kemal ihr erster Präsident.
Zu seinen wichtigsten Modernisierungsmaßnahmen gehören: 1. die Schließung der Derwisch-Klöster (→ Derwische, tanzende) 1925; 2. die Einführung westlicher Gesetze 1926; 3. die Schaffung einer neuen Schrift auf der Grundlage des Lateinischen (1928); 4. die Einführung von Familiennamen sowie 5. die Sicherung des Frauenwahlrechts. Die Große Nationalversammlung verlieh ihm aufgrund seiner Verdienste den Ehrennamen „Atatürk" (= Vater der Türken). Er starb am 10. 1. 1938 in Istanbul. Atatürks Reformen haben offiziell bis heute Gültigkeit, obwohl im Rahmen der Re-Islamisierung (→ Re-Islamisierung) viel Kritik an ihnen geübt wird.

AYATOLLAH

Der iranische Religionsführer Ayatollah Khomeini (gestorben 1989) und seine Politik waren lange Zeit Stammthema in unseren Nachrichten. Ayatollah ist ein arabisches Wort und bedeutet „Zeichen" (Aya) „Gottes" (Allah) (→ Gott). Das Wort „Aya" im Sinne von „Zeichen", „Wunderzeichen" kommt in verschiedenen koranischen Zusammenhängen (→ Koran) vor: So gilt jeder einzelne Koranvers als gnadenhaftes „Zeichen" Gottes; Himmel und Erde sind für den Gläubigen voller Hinweise auf die wunderbare Schöpfertätigkeit Gottes; schließlich werden die Propheten, von Adam (→ Adam) bis zu Mohammed (→ Mohammed), als „Aya" betrachtet.

Ayatollah ist der höchste Ehrentitel, mit dem besonders verdienstvolle Theologen bei den Schiiten (→ Schiiten) benannt werden können. Zwei große „Konfessionen“ gibt es im Islam: die etwa 10 -15% Schiiten (vor allem in Iran, Südirak, im indo-pakistanischen Raum) und die Sunniten (→ Islam). Die Schiiten trennten sich im Frühislam von der Mehrheit der Muslime – den späteren Sunniten –, weil sie eine andersartige Auffassung von der Nachfolge des Propheten Mohammed hatten. Bei den Sunniten heißt der Nachfolger des Propheten „Kalif“; die Schiiten nennen ihn „Imam“ (→ Imam). Von ihm wird viel gefordert: Allerhöchste Qualifikation soll er besitzen, um die islamische Gemeinde verantwortungsvoll führen zu können. Es gibt unter den Schiiten mehrere Richtungen. Im Iran dominieren die sogenannten „Zwölferschiiten“ (Dschaafariten). Nach ihrer Auffassung wurde der 12. rechtmäßige Imam im 9. Jahrhundert „in die Verborgenheit entrückt“. Die Schiiten erwarten, daß er dereinst als idealer Herrscher zurückkommen und auf der Erde Gerechtigkeit verbreiten werde. Während der Abwesenheit des verborgenen Imams liegt die Entscheidung über die Rechtmäßigkeit einer islamischen Regierung bei den Theologen.
Ayatollah ist ein Würdetitel für hochqualifizierte Theologen, die den Rang eines „Mudschtahids“ bekleiden. Mudschtahid wird diejenige Gelehrtenautorität genannt, die befugt ist, theologische und juristische Fragen selbständig zu entscheiden, d.h., den Idschtihad auszuüben. Gelegentlich genießen manche wissenschaftlich hervorragenden, ethisch-vorbildlichen und frommen Mudschtahids einen solchen Ruf, daß sie „Marja i-Taqlid“ werden, d.h. „oberste theologische Autorität“. Solchen theologischen Berühmtheiten wird der Ehrentitel Ayatollah gewissermaßen dann vom Volk angetragen. Die Gläubigen verehren glühend „ihren“ Ayatollah, lassen sich gerade von ihm besonders leiten. Es gibt keinerlei Institutionen, die den Ayatollah-Titel formal verleihen könnten. Notwendig ist allerdings, daß die übrigen Mudschtahids den Aspiranten „anerkennen“.
In neuerer Zeit ist der Ayatollah-Titel vor inflationärer Häufung nicht sicher: Heute tragen den ruhmvollen Titel nämlich auch solche Personen, die nach klassischem Verständnis kein Anrecht darauf gehabt hätten.
Ein schiitischer Ayatollah kann nicht für den Gesamtislam verbindliche Aussagen und Entscheidungen treffen; im Grunde nicht einmal für alle Schiiten. Dennoch führte die Popularität des Imams Khomeini dazu, daß seine Äußerungen – zumindest gefühlsmäßig – für viele nichtiranische, sunnitische Muslime eine Geltung besaßen, die ihnen theologisch gar nicht zukam.

AZHAR, AL-

Berühmte islamische Universität in Kairo. Ihre Gutachten (→ Fetwa) genießen in der gesamten islamischen Welt Anerkennung.

B

BEKTASCHI-ORDEN

Neben dem Mevlevi-Orden die zweite wichtigste mystische Bruderschaft in der Türkei. Ihr Begründer, Hadschdschi Bektasch (13. Jahrhundert), soll aus der Osttürkei stammen. Ein starkes schiitisches (→ Schiiten) Element verbindet die Bektaschis mit den Aleviten (→ Aleviten). Hauptsächliche Kennzeichen: Buchstabenmystik, die darin besteht, in den einzelnen Buchstaben des Alphabets einen tieferen Sinn zu entdecken; Pflege der türkischen Sprache (im Unterschied zum Mevlevi-Orden, bei dem das Persische im Mittelpunkt steht); beinahe gleichberechtigte Stellung der Frauen im Orden.

BESCHNEIDUNG

Ähnlich wie das Judentum kennt der Islam die Beschneidung. Fast überall in der islamischen Welt wird sie praktiziert. Allerdings wird sie nicht im Koran (→ Koran) erwähnt. Das Beschneidungsalter variiert von Land zu Land: vom 7. Tag bis zum 14. Lebensjahr. Ausgeführt wird die Beschneidung entweder von einem Arzt oder einem speziell ausgebildeten Beschneider.

Durch die Beschneidung wird der Junge in die Gemeinschaft der Männer, in die (türkisch sog.) „ümmet" (→ Umma), die Gemeinschaft aller Muslime, aufgenommen. Fast immer ist die Beschneidung ein großes Familienfest. Die meisten in Deutschland lebenden türkischen Eltern lassen ihre Kinder während eines Heimaturlaubs beschneiden. Zum einen, weil es für den Jungen dort leichter ist, und zum anderen, weil Verwandte und Freunde leichter eingeladen werden können. Da das Beschneidungsfest sehr aufwendig gefeiert wird, also teuer ist, herrscht allgemein der Brauch, das Fest für mehrere Jungen der Verwandtschaft gemeinsam auszurichten. Bereits mehrere Tage vorher tragen die Jungen ein Festkleid und erhalten Geschenke. Der erste Tag des zweitägigen Festes wird „Henna-Abend" (→ Henna) genannt. Dann werden dem Jungen drei Finger mit Henna rot gefärbt. Diesen „Henna-Abend" feiert der Junge noch in der Gesellschaft der Frauen. Am Tag darauf beginnt das Fest der Männer. Koranlesungen finden statt, und nach Gebeten (→ Gebet, rituelles) und Moscheebesuch (→ Moschee) führen die erwachsenen Männer den Jungen in einer Art Prozession durch die Stadt. Daran anschließend wird der Knabe beschnitten. Nach dem Eingriff müssen die Jungen einige Tage eine Art Nachthemd tragen. Alle Leute, die einen Jungen in solchem Gewand sehen, beglückwünschen ihn und schenken ihm Süßigkeiten oder Geld.

BIBEL

Im Koran (→ Koran) finden sich zahlreiche Hinweise auf die Bibel und biblische Motive. Der Koran bestätigt die Übereinstimmung mit den Lehren der biblischen Gesandten. Dies resultiert nach eigenem Selbstverständnis aus der Judentum, Christentum und Islam gemeinsamen Offenbarungsquelle. Johann Dietrich Thyen hat in seiner Textsammlung „Bibel und Koran" eine Synopse gemeinsamer Überlieferungen zusammengestellt, wobei auf der linken Seite der Bibeltext und rechts gegenüber die entsprechenden Koranpassagen abgedruckt sind.
Die Geschichten von Adam bis Esra finden sich ebenso im Koran wie Erzählungen zu den großen Propheten und Gesandten: Abraham (→ Abraham), Josef (→ Josef), Moses (→ Moses). Ferner enthält der Koran Geschichten zu den drei großen israelitischen Königen (Saul, David und Salomon) und Berichte über Elia, Jona, Hiob und Esra. Aus dem Neuen Testament finden Zacharias, Johannes der Täufer, Maria (→ Maria) und Jesus (→ Jesus) Erwähnung.
Die neutestamentlichen Erzählmotive stehen quantitativ hinter denen des Alten Testaments zurück.

BILDERVERBOT

Judentum und Islam gehören zu den Religionen, die das biblische „Bilderverbot" besonders ernst nehmen. In der ganzen islamischen Welt gilt, daß man sich kein Bild oder Abbild von Gott machen darf; denn Gott ist alleiniger „Schöpfer und Gestalter" (59,24). Angesichts der Unvollkommenheit des Menschen wäre jede Darstellung Gottes unvollkommen, ja geradezu lästerlich. Auch Engel (→ Engel) dürfen nicht bildlich dargestellt werden. Ebenfalls herrscht Einmütigkeit in der islamischen Welt darüber, daß die Gesandten Gottes, wie zum Beispiel Mohammed (→ Mohammed), Jesus (→ Jesus) sowie andere herausragende Gläubige, nicht bildlich dargestellt werden dürfen. Denn groß ist die Gefahr, daß sie dadurch zu Idolen oder Götzen gemacht werden.

Im Koran (→ Koran) findet sich noch kein ausdrücklicher Hinweis auf ein Bilderverbot (die Belege 21,56 und 34,13 beziehen sich auf Götzendienst und tadeln Bildwerke nicht). Die Diskussion über das Bilderverbot lief wohl seit den letzten beiden Jahrzehnten des 7. Jahrhunderts und war vermutlich Anfang der 20er Jahre des darauffolgenden Jahrhunderts entschieden.

Unter die Bestimmungen fallen nicht nur Bilder von Menschen, sondern auch solche von Tieren; nicht dagegen Abbildungen von Bäumen und anderen Pflanzen. Abbildungen von Lebewesen sind dagegen nicht zu beanstanden, wenn ihnen der Kopf vom Rumpf getrennt wurde oder wenn sie nicht aufrecht im Raum stehen (zum Beispiel an der Wand angebrachte Bilder), sondern am Boden liegen (zum Beispiel in Form von Teppichen, Liege- bzw. Sitzkissen). So kann man auf sie treten. Und „das, worauf man tritt, ist nicht wie ein Götze“ (der angebetet sein will); „denn es ist nicht hochgeschätzt“.

Vor allem ist das Bilderverbot in der sakralen Kunst (Moscheen, öffentliche Bauten, Grabsteine, Koranhandschriften) beachtet worden. In Badeanlagen von Herrscherpalästen, auf Luxus- und Gebrauchsgegenständen, Teppichen, Illustrationen zu Schriften u.ä. finden sich dagegen Bilder. Trotz solcher Ausnahmen galt das Bilderverbot in der Theorie bei Sunniten und Schiiten (→ Schiiten) gleichermaßen. Es wurde auch weniger im öffentlichen als vielmehr privaten Bereich umgangen. Während in Syrien, im Irak und Iran sowie in den sich östlich daran anschließenden Gebieten eine alte, bilderfreundliche Tradition nachwirkt, hat sich das Bilderverbot stärker in Innerasien durchsetzen können. Hier war die Bevölkerung eher puritanisch-ernst als bilderfreundlich eingestellt.

BLASPHEMIE

Blasphemie: Gotteslästerung. In neuester Zeit hat vor allem das von Muslimen als gotteslästerlich empfundene Buch „Satanische Verse“ von Salman Rushdie islamische Emotionen aufwallen lassen. In dem Roman wird – kaum verhüllt – die Glaubwürdigkeit des Propheten (→ Mohammed) in Frage gestellt. Mohammed wird als „Mahound“ bezeichnet – ein Ausdruck, der auf die Kreuzzüge zurückgeht. Mohammed, der als Betrüger erscheint, wird in obszöner Sprache verunglimpft, ihm wird zudem ein homosexuelles

(→ Homosexualität; → Sexualität) Verhältnis zum Erzengel Gabriel angedichtet, ja seine Ehefrauen werden zu den Huren im ersten Bordell der Stadt in Beziehung gesetzt. Ferner wird Mahound zum „Bastard“ und Bilal, der erste islamische Gebetsrufer, als „großes schwarzes Monster“ beschimpft. Muslime auf der ganzen Welt empfinden dies als abscheulichen Religionsfrevel, „schlimmer als Pornographie“.
Die Islamforscherin Prof. Annemarie Schimmel beginnt ihr Buch über die Bedeutung Mohammeds im Islam mit Worten, deren Brisanz hautnah spürbar ist: „Das größte Ärgernis, das die Christen bei ihren muslimischen Freunden erregen, ohne es eigentlich zu wissen“, bestehe darin, „daß es ihnen völlig an Verständnis für die Verehrung mangele, die der Prophet Mohammed im Leben der Muslime genieße.“ Die „Heiligkeit“, wenn man so sagen darf, Mohammeds steht im Glauben vieler Muslime – gefühlsmäßig – nicht unter der Heiligkeit Gottes; mag dies auch von der islamischen Lehre her höchst fragwürdig sein. Der Prophet gilt theologisch als „sündlos“, ist leuchtendes Vorbild der Gläubigen. Seine Frauen werden als vorbildliche Musliminnen, als „Mütter der Gläubigen“, hoch in Ehren gehalten. Nicht nur Theologie, Recht und religiöses Empfinden, auch Scham, Anstand und Ehre sind nach islamischem Empfinden in den Schmutz gezogen worden. Sexualität darf im Islam zwar innerhalb der Ehe frei genossen werden, jedwede außer- oder voreheliche Beziehungen jedoch gelten als Sünde. Auf Homosexualität steht nach der Scharia (→ Scharia), dem islamischen Recht, die Todesstrafe, wird sie doch nicht als legitime sexuelle Variante eingestuft, sondern – wie Alkohol und Drogen – als gemeinschaftszerstörendes Verbrechen betrachtet. Den Propheten mit derart Anrüchigem auch nur in Verbindung zu bringen gilt als ungeheuerlich.

BLICK, BÖSER

Beim „bösen Blick“ handelt es sich um einen weitverbreiteten Aberglauben in der islamischen Welt. Hierbei wird manchen Menschen die Kraft zugeschrieben, anderen Personen, Tieren oder sogar Gegenständen Schaden zufügen zu können. Am meisten vom „bösen Blick“ gefährdet sind schwangere Frauen und kleine Kinder. Es ist zum Beispiel bis heute üblich, Neugeborenen als Amulett gegen den „bösen Blick“ blaue Perlen mit dem Abbild eines Auges in die Wiege zu legen. Zu den weiteren Talismanen gehören: Edelsteine, Tierbilder und Kräuter. Als Ursache des bösen Blicks betrachtet man den Neid (vgl. Koran 113,5).

CHRISTEN / JUDEN

Das Verhältnis der Muslime zu Juden und Christen ist für beide Phasen der koranischen (→ Koran) Verkündigung wichtig. Zu Beginn seiner mekkanischen Phase trat Mohammed als Vertreter des Eingottglaubens der Juden, Christen und Abrahams (→ Abraham) auf. Dennoch gilt: Sosehr der Koran die Gemeinsamkeit von Juden, Christen und Muslimen betont, so unterstreicht er auch die Unterschiede. In allen Zeitabschnitten der mekkanischen Periode spricht der Koran von Abraham, Moses, Jesus, von Tora und Evangelium sowie den altisraelitischen Propheten als Verkündern der gleichen göttlichen Offenbarung. Eine häufig unterstellte opportunistische Übernahme und Verarbeitung der christlichen und jüdischen Lehre durch Mohammed entspricht nicht den Tatsachen. Sie hätte auch keine Vorteile für Mohammed geboten; denn schon von ihrer Stärke her hätten weder Juden noch Christen in der mekkanischen Zeit für Mohammed eine Unterstützung sein können. Insgesamt läßt sich die Haltung Mohammeds gegenüber der jüdischen und christlichen Lehre folgendermaßenm zusammenfassen:

Den Juden gegenüber verteidigte er die Reinheit Marias (→ Maria) und das Prophetentum Jesu (→ Jesus; → Propheten und Gesandte). Den Christen gegenüber und im Rahmen christlich-jüdischer Auseinandersetzungen würdigte er die Leistung des Moses (→ Moses) und der anderen israelitischen Propheten, vor allem auch den Eingottglauben Abrahams.

Juden und Christen gegenüber berief er sich auf den uneingeschränkten Monotheismus Abrahams. Daraus läßt sich folgern, daß den Bewohnern Mekkas Abraham, Moses und Jesus bekannt sein gewesen mußten; denn sonst hätte Mohammed sie nicht selbstverständlich als Zeugen der Richtigkeit seiner Botschaft anführen können. Alles spricht dafür, daß zahlreiche Juden und Christen in Mekka (→ Mekka) gelebt haben; entweder ständig oder im Rahmen ihrer wirtschaftlichen und religiösen Reisen.

Mohammeds enge Verbindung zu den Schriften der Juden und Christen bestimmte auch den Geist und Gehalt der Offenbarungen in der medinensischen Periode. Trotz der zum Teil gegensätzlichen Positionen richtet der Koran an Juden und Christen ein Einigungsangebot, das Frieden und Eintracht bewirken sollte: „Sag: Ihr Leute der Schrift! Kommt her zu einem Wort, das zwischen uns und euch gleich ist. Daß wir Gott allein dienen und ihm niemandem beigesellen und daß wir Menschen uns nicht untereinander an Gottes Statt zu Herren nehmen“ (3,64). Für die weitere Entwicklung in medinensischer Zeit ist von großer historischer Tragweite, daß Mohammed nichts an der ursprünglichen Botschaft vom Beginn seiner Botschaft änderte: „Sag, wir glauben an Gott und an das, was auf uns und was auf Abraham, Ismail, Isaak, Jakob und die Stämme Israels herabgesandt worden ist, und was Moses, Jesus und die Propheten von ihrem Herrn erhalten haben, ohne daß wir bei einem von ihnen einen Unterschied machen.“

Die oft angeprangerte Verfolgung einiger Judenstämme in Medina hat daher keine Ursache im Prophetentum Mohammeds und dem Glauben der Juden. Der Zwist lag vielmehr in der komplizierten arabisch-jüdisch-christlichen Geschichte auf der arabischen Halbinsel begründet, in der Feindschaft eines jeden gegen jeden und in der Angst aller vor dem Verlust an Identität und Wirtschaftsmacht.

Als sich weder Juden noch Christen Mohammeds Überzeugung der inhaltlichen Identität aller drei Religionen anschlossen, erhob Mohammed folgende Einwände gegen die Lehren der „Schriftbesitzer“: Juden und Christen haben ursprünglich durch ihre Propheten und Gesandten die wahre Offenbarung erhalten, sich aber dann von dem wahren monotheistischen Sinn ihrer heiligen Schriften entfernt. Mit ihrer Lehre von der Trinität und der Gottessohnschaft Jesu gehen die Christen über das Selbstverständnis Jesu als Prophet hinaus und beeinträchtigen die Einzigartigkeit Gottes.

Bis in heutige islamische Schulbücher wird diese Verfälschungsthese aufrechterhalten und teilweise damit erklärt, daß zwischen dem Wirken Jesu und der Entstehung des (als ein Buch aufgefaßten) Evangeliums ein langer Zeitraum lag, so daß die ursprüngliche Botschaft in Vergessenheit geriet. Türkische Religionsschulbücher präsentieren in der Hauptsache das koranische Bild von Jesus und den Christen: Jesus ist äußerst gutherzig, ehrenhaft und vertrauenswürdig, führt ein einfaches und moralisch einwandfreies Leben. Wenn die Unterschiede zwischen Islam und Christentum thematisiert werden, so gehen die Schulbücher häufig auf die Mönche und Priester ein, von denen es heißt: „Sie können die Beichte abnehmen und Sünden vergeben.“ Der Islam gilt als überlegen, weil er keine Mittler zwischen Gott und Mensch anerkennt. Während die Christen ihre Andachten nur in einer Kirche und unter Leitung religiöser Personen abhalten könnten, würden Muslime weder heilige Orte noch der Führung durch andere bedürfen. Im Christentum kämen die Neugeborenen wegen der Verfehlung des Urelternpaares sündhaft zur Welt und bedürften der Reinigung durch die Taufe. Ein islamisches Kind, so wird positiv hervorgehoben, werde dagegen

schuldlos geboren. Kritik wird auch an Mission und Bekehrungseifer vieler Christen geübt. Der Islam dagegen verfüge über keine Missionsorganisationen, übe auch keinen Druck auf das Gewissen aus. Häufig werden in den türkischen Religionsschulbüchern – ohne Nennung von Unterschieden – die drei Hauptrichtungen des Christentums genannt: Katholiken, Protestanten und Orthodoxe. Teilweise präsentieren die Schulbücher einen summarischen Überblick über wichtige Phasen der Kirchengeschichte.
In politischer Hinsicht war das Verhältnis von Islam und Christentum häufig von Konflikten geprägt (→ Islam, christliche/abendländische Sicht). In neuerer Zeit wurde das Christentum häufig als Handlanger des Kolonialismus (→ Kolonialismus) gesehen. Die zunehmende Re-Islamisierung (→ Re-Islamisierung) der letzten 20 Jahre hat die christliche Dialogbereitschaft gegenüber dem Islam erschwert.
Was die Beziehung des Islam zum Judentum betrifft, so gab es in der Geschichte oft Phasen großer Toleranz (→ Toleranz) und friedlicher Koexistenz. Seit der Existenz des Staates Israel sind die Beziehungen gespannt, obwohl man sich auf islamischer Seite bemüht – zumindest theoretisch –, zwischen Juden und Zionisten zu unterscheiden.

D

DERWISCHE, TANZENDE

Daß der Tanz in dem ansonsten eher nüchternen und würdevoll-ernsten Islam einen (inneren) Weg zu Gott darstellen kann, zeigt die Bruderschaft der im Westen als „Tanzende Derwische“ bekannten Mevlevi-Gemeinschaft. Ob Sama' („Hören“, etwa Musikhören, aber auch Tanzen) legitime Äußerungen mystisch-islamischer Frömmigkeit sind, ist in der islamischen Welt sehr umstritten.
In der im südlichen Anatolien gelegenen Stadt Konya wird jährlich am 17. Dezember der Todestag eines der größten mystischen Dichter und Gelehrten, Dschelal ad-Din Rumi (1207-1273), gefeiert. Der Name des Ordens, „Maulawia“ – oder türkisch Mevleviya – leitet sich vom Titel dieses Mannes „Maulana“ (Mevlana) ab: „Unser Herr“. Der persisch gebildete Mystiker, dessen Wahlheimat die Türkei war, wurde überall dort gelesen, wo man das Persische beherrschte, bis hin nach Indien und Zentralasien. Heute ist Konya ein bedeutender Wallfahrtsort. Hier liegen die Gräber Maulanas, seiner Familienangehörigen sowie bedeutender Vertreter des Ordens. In einem kleinen Kästchen soll sich hier auch der berühmte Bart des Propheten befinden. Seit 1925 war der Gottesreigen der „Tanzenden Derwische“ ver-

boten, und erst seit 1954 führte man ihn anläßlich des Todestages wieder auf.

Die vom Scheich geführten Ordensmitglieder tanzen den Islam. Jedes einzelne Element ihres musikalisch-tänzerischen Weges hat symbolische Bedeutung: Die hohen Mützen der Gottestänzer versinnbildlichen den Grabstein. Der schwarze Mantel bedeutet das Grab, das darunter getragene weiße Tanzgewand ihr Leichenhemd. Der rituelle Tanz wird von Flötenspielern, Trommlern und Sängern begleitet. Ein Rezitator singt mit gehobener Stimmweise das Loblied auf den Propheten. Der Scheich, der Maulana vertritt, beurteilt den Tanz und verabschiedet später die Gottestänzer. Zu Beginn betritt der Scheich das „rote Fell“. Dies symbolisiert das ewige Leben, den symbolischen Sonnenauf- und Sonnenuntergang sowie die Vereinigung von Gott und Mensch. Der dunkle Klang der Flöte versinnbildlicht die Sehnsucht des sich in einer Unheilssituation befindlichen Menschen nach Gott. Jeder einzelne Derwisch verneigt sich vor dem anderen, drückt damit seine Demut aus.

Der Tanz beginnt: Jeder Derwisch legt seinen Mantel ab. Dann tritt einer nach dem anderen vor den Meister. Die Tänzer haben ihre Arme über der Brust gekreuzt, berühren damit ihre Schultern. Dann küssen sie die rechte Hand des Scheichs, worauf dieser ihre Mütze küßt. Damit erbitten sie die Erlaubnis zum Tanzen, die vom Scheich gewährt wird. Jeder Derwisch öffnet sodann seine Arme. Langsam und nacheinander beginnen sie den kosmischen Reigen. Ihre rechte Hand ist nach oben geöffnet, die linke zeigt nach unten: Dies symbolisiert das Empfangen der unverdienten göttlichen Gnade und ihre Weitergabe an Welt, Menschen, Tiere, Pflanzen, ja sogar Steine. Der sehr langsam anhebende, jedoch immer schneller werdende Tanz ist ein kosmischer Reigen. Die Gottestänzer mit ihren glockenförmigen Gewändern drehen sich dabei einmal um ihre eigene Achse sowie gleichzeitig im Raum herum. Ihr Körper bildet die Achse des Universums. Der Tanz, so deutet ihn der englische islamische Mystiker Martin Lings, ist ein „Vorgeschmack auf das verlorene Zentrum“ und somit die Suche nach dem eigenen Selbst. „Der tanzende Liebende“, so interpretiert Annemarie Schimmel den Tanz, „ist höher als die Sphären, denn der Ruf zum Sama’ kommt vom Himmel; man kann ihn dem Staubkörnchen vergleichen, das um die Sonne kreist und so eine seltsame Einheit erfährt, denn ohne die Gravitationskraft der Sonne könnte es sich nicht bewegen – ebenso wie der Mensch nicht leben kann, ohne um den geistigen Schwerpunkt, um Gott, zu kreisen. Wenn die Fesseln des Leibes einmal gebrochen sind, wird die Seele befreit

und realisiert, daß alles Geschaffene an diesem Tanz teilnimmt." „Entwerden" (Fana) und „ewiges Bleiben in Gott" (Baqa) – diese Ziele des mystischen Einigungsweges symbolisiert der mystische Tanz der Derwische.
Die Reise der Seele zum Göttlichen wird auch in der islamischen Mystik gelegentlich als himmlischer Reigen beschrieben. Häufiger jedoch taucht dieses Bild im Zusammenhang mit der unio mystica auf. Der große iranische Liebesmystiker Ruzbihan i-Baqli (gestorben 1209) bezeichnete diesen Zustand einmal als „Tanz mit Gott".

DHIKR-MEDITATION

Der „Dhikr" ist das eigentliche meditative Element in der islamischen Frömmigkeit. Es handelt sich dabei um ein sich selbst Erinnern und Gedenken durch die Anrufung der „99 schönsten Namen Gottes" (→ Gottes schönste Namen). Jeder Name steht für eine göttliche Eigenschaft, wie z.B. der Wahre, Lebendige, Beständige. Durch ständige Wiederholung werden nach Auffassung der Mystiker bestimmte Energien erzeugt. Die Anleitung eines geistigen Lehrers, eines Scheichs, „Shaikhs" (arab. „alter Mann", „Ältester"), „Pirs" (pers. „Alter", „Greis") oder eines seiner bevollmächtigten Vertreter ist bei allen meditativen Übungen unbedingt erforderlich. In jedem Fall ist es Aufgabe des Schülers, sich auf eine Verbindung zum Scheich, der wiederum im Band seiner geistigen Ahnen steht, zu konzentrieren.
Mancher Sufi hat den mystischen Aufstieg vom menschlichen zum göttlichen „Ich" als „Wanderung" oder „Reise" der Seele auf dem mystischen Heilspfad (Tariqa) gedeutet. Der Schüler (Murid), wörtlich „derjenige, welcher den Willen hat", läßt sich von seinem Lehrer führen. Die „Wanderer" werden von erfahrenen Sufi-Meistern oft einen gefahrvollen geistigen Pfad entlanggeführt, der aus mehreren „Stationen" („Zustände") besteht, die in den einzelnen mystischen Traditionen variieren. Unterschieden werden mit eigener menschlicher Kraft erreichbare und dann wieder aufgegebene „Stationen" von den außergewöhnlichen „Erlebnis-Zuständen", die als göttliche Gnadengaben verstanden werden. Reue, Fasten, Schlafentzug, Armut, Geduld sowie der ständige Kampf gegen das niedere Selbst, die Triebe sind geforderte Tugenden auf dem Wege.
Die „Furcht" der Seele, „zusammengepreßt" zu werden und die göttliche Finsternis zu erleiden, kannten die islamischen „Wanderer" ebenso wie die „Hoffnung", die sich im Gefühl des „Sichausdehnens" und „Weiterwer-

dens“ einstellte. Damit war ein enthusiastisches Gefühl gemeint. Ziel der meditativen Seelenreise: Liebe und Erkenntnis Gottes sowie „Fana“, das „Entwerden“ in Gott. Toshihiko Izutsu hat diesen Zustand als „völlige Aufhebung des Ich-Bewußtseins, wenn nur die absolute reine Eine Wirklichkeit als absolutes Bewußtsein vor ihrer Spaltung in Subjekt und Objekt übrigbleibt“ charakterisiert. Endgültiges Ziel ist „Baqa“: das „Bleiben oder Dauern in Gott“.

Von der unsichtbaren Anwesenheit und Leitung des Dhikr durch den Scheich wird ausgegangen, in einigen Traditionen (Jerrahi-Orden) manchmal durch das Auslegen eines weiteren Fells in den Sitzkreis symbolisiert. Die Zusammenkünfte beginnen – in ritueller Reinheit – meist mit der täglichen „Awrad“-Lesung, bestehend aus Schutzgebeten, Koranversen (→ Koran) und anderen Formeln. Dabei spielt das Glaubenszeugnis (→ Glaubenszeugnis) eine besondere Rolle, vor allem der erste Teil, der später im Dhikr auch körperlich nachvollzogen wird. Die äußere Form des Dhikr unterscheidet sich je nach Ordenstradition und ist kulturell unterschiedlich geprägt: sei es die rhythmische Untermalung des sudanesischen „Burhani-Dhikr“ oder der Gesang im algerischen „Alawi-Orden“. Der „Naqshbandi-Dhikr“ aus dem zentralasiatischen und türkischen Raum gilt als besonders „nüchtern“. Die „schweigenden Derwische“ kennen u.a. den lautlosen „Herzens-Dhikr“. Dagegen ist das Zuführen von Verwundungen – Durchstechen, Nägel-Schlucken u.ä. – im Rifai- Orden nur in absoluter Ekstase möglich. Der „Mevlevi-Orden“ (im Westen bekannt als „Tanzende Derwische“) aus Konya (→ Derwische, tanzende) schließlich hat eine inzwischen weltweit bekannte Form des Drehtanzes entwickelt, die eine sehr aufwendige Schulung erfordert, 1001 Tage lang. Die meisten der erwähnten Orden sind im Westen, so auch in Deutschland vertreten. Jedoch ist aus verschiedenen Gründen eine Ausbildung, die vor allem den sehr komplexen symbolischen Gehalt berücksichtigt, nicht gegeben. Selbst einem „Schüler des Weges“ bleibt oft die Bedeutung dieses Systems verschlossen. In Seminaren wird gelegentlich mit der Aktivierung der fünf oder sieben „Lataìf“, Energiezentren, in Verbindung mit verschiedenen Farben gearbeitet. Atemübungen haben ebenfalls einen hohen Stellenwert.

DIALOG, CHRISTLICH-ISLAMISCHER

Siehe: → Islam, christliche/abendländische Sicht

DRUSEN

Religiös-ethnische Gemeinschaft, die sich von den Ismailiten (→ Schiiten) abgespalten hat. Ihren Namen hat sie von Darazi, der 1017 – dem Beginn der Zeitrechnung der Drusen – den fatimidischen Kalifen al-Hakim zur letzten Inkarnation Gottes erklärte. Dieser Kalif (→ Kalifat) verschwand vier Jahre später in der Verborgenheit und soll am Ende der Zeiten wiederkehren. Zentrale inhaltliche Elemente der Drusen-Religion sind: das Bekenntnis zu Gottes Einheit (die Drusen nennen sich selbst lieber „al-Muwahidun": die „Bekenner der Einheit") sowie der Glaube an die Seelenwanderung und an gnostische Emanationslehren (himmlische Hierarchien). Menschen können nur als Menschen, und zwar ausschließlich innerhalb desselben Geschlechts, wiedergeboren werden. Der Sinn der Reinkarnation liegt in der stufenweisen Vervollkommnung des Menschen. Aus dem göttlichen Allverstand flossen alle übrigen Dinge heraus: Seele, Wort, rechter und linker Flügel, niedere Geistwesen, die materielle Welt. Die Drusen erkennen Evangelium und Koran an, ordnen ihnen aber ihre eigenen Schriften über. Ebenfalls gibt es Berührungspunkte zum Neuplatonismus, Buddhismus und Hinduismus. Die Drusen üben die Arkandisziplin: Nur ein innerer Zirkel von Drusen kennt also die tieferen Mysterien des Glaubens. In diesen Zirkel können sowohl Männer (Scheich) als auch Frauen (Scheicha) aufgenommen werden. In neuerer Zeit zeichnet sich eine Veränderung im Arkangedanken ab: Es wird drusischer Religionsunterricht an Schulen für Schüler beiderlei Geschlechts erteilt. Rund 200.000 Drusen leben im Libanon, in Syrien und den Nachbargebieten (zum Beispiel Israel) sowie in den USA.

EHE

Ehe und Familie (→ Familie) erfahren im Islam große Wertschätzung. Der Koran (→ Koran) sieht in der Ehe geradezu eine Verpflichtung für heiratsfähige Männer und Frauen: „Wer heiratet, hat eine Hälfte seiner Frömmigkeit gesichert, dann soll er für die zweite Hälfte Gott fürchten" (24,32).
Der Koran knüpft an Ehe und Scheidung (→ Scheidung) bestimmte Bedingungen. In Sure 4,3 wird dem Mann die Möglichkeit eingeräumt, bis zu vier Frauen zu heiraten. Gleichzeitig wird jedoch die Forderung gestellt, daß der Mann alle seine Ehefrauen gleich und gerecht behandeln müsse. Spätere Koranausleger haben dies oft als indirekte Aufforderung zur Einehe interpretiert.

Die islamische Ehe ist kein Sakrament. Dennoch hat sie eine tiefe religiöse Bedeutung. Der vorher abgeschlosssene Ehevertrag, bei dessen Abschluß zwei männliche oder ein männlicher und zwei weibliche Zeugen zugegen sein müssen, legt die Bedingungen fest. Hauptbestandteil des klassischen Ehevertrags sind die Höhe des Brautgeldes sowie die Bedingungen für eine eventuelle Scheidung. Oft wird in neueren Eheverträgen die Heirat mit einer zweiten Frau ausgeschlossen.
Ein Muslim darf eine Nichtmuslimin heiraten; denn es wird davon ausgegangen, daß der Vater die religiöse Erziehung der Kinder bestimmt und so kein Verlust für die islamische Gemeinschaft entsteht. Eine Muslimin (bzw. „Muslima") darf jedoch keinen Nichtmuslim heiraten, da ihre Kinder sonst in einem anderen Glauben aufwachsen (→ Ehe, religionsverschiedene).
Die Ehe gilt als eine vom Koran empfohlene Einrichtung, in der beide Partner in Liebe, Barmherzigkeit (Rahma) und Verständnis einander zugetan sein sollen: „Und zu seinen Zeichen gehört es, daß er aus euch selber Gattinnen geschaffen hat, damit ihr bei ihnen wohnet. Und er bewirkt, daß ihr einander in Liebe und Barmherzigkeit zugetan seid" (30,21).
Dennoch genießt der Mann eine gewisse rechtliche Vormachtstellung. So gilt zum Beispiel seine Zeugenaussage in Familienrechtsangelegenheiten mehr als die einer Frau, weil man davon ausgeht, daß diese durch ihren fehlenden gesellschaftlichen Umgang nicht die gleiche Urteilsfähigkeit besitzt. Töchter erben auch weniger als Söhne. Dies hängt damit zusammen, daß der Mann mit der Eheschließung die Verpflichtung übernimmt, für einen standesgemäßen Unterhalt seiner Frau, der Kinder (und unter Umständen anderer unverheirateter Angehöriger seiner Familie) zu sorgen, während die Frau nicht aus ihremVermögen zum Haushalt beitragen muß.
Die im 8. und 9. Jahrhundert gegründeten islamischen Rechtsschulen (→ Rechtsschulen) legten zahlreiche Bedingungen für das Familienrecht fest. In manchen Ländern ist die Mehrehe ganz abgeschafft, zum Beispiel in Tunesien und der Türkei. In anderen Ländern muß die Erstfrau einer Zweitheirat des Mannes zustimmen.
In der Türkei spielte die Mehrehe ohnehin keine sehr große Rolle. Von wenigen Ausnahmen abgesehen, gab es bei den wenigen Familien, die nicht in Einehe lebten, lediglich eine Art Zweitehe, die man mit einem Konkubinat vergleichen kann. Entweder hatte der Mann sich eine zweite Frau genommen, weil die erste im keinen Sohn geboren hatte, oder er heiratete aus familiärer Verpflichtung die Frau seines verstorbenen Bruders. Einen stärkeren Eingriff in türkische Gewohnheiten stellte das Gebot der Eheschließung

vor einer staatlichen Behörde und das Verbot von Kinderheiraten dar. Beides wurde vielfach umgangen, indem man weiterhin im Beisein eines Hodschas (→ Hodscha) die Ehe schloß. In der ländlichen Türkei spielt der Brautpreis immer noch eine beträchtliche Rolle. Zahlreiche türkische Ehen kommen auch heute durch Vermittlung zustande. Das muß nicht unbedingt bedeuten, daß die Mädchen gegen ihren Willen verheiratet werden, wenn das auch für Kinder, die in der Bundesrepublik Deutschland aufgewachsen sind, wohl vielfach der Fall ist. Die Heirat durch Vermittlung soll dem Mädchen helfen, einen Partner zu finden, ohne mit der Sexualmoral und Familienehre in Konflikt zu geraten.
Weiterhin muß man berücksichtigen, daß die Auswirkungen einer Heirat zumindest in der ländlichen Türkei mehr Angelegenheit der beteiligten Familien als des Brautpaares ist. Die durch die Kultur geprägte Grundpersönlichkeit türkischer Jugendlicher, die strenge Familienhierarchie und das geringe Maß an Privatheit im familiären Bereich haben ein größeres Maß an Abhängigkeit zur Folge und bewirken ein Bedürfnis, Entscheidungen durch Ältere abzusichern.

EHE, RELIGIONSVERSCHIEDENE

Die Zahl muslimischer Männer, die christliche Frauen heiraten, soll in Europa ungefähr 10mal so hoch sein wie die Zahl islamischer Frauen, die christliche Männer ehelichen. Bei der Ehe von Partnern, die aus unterschiedlichen Religionen abstammen, ergeben sich verschiedene Fragen und Probleme: 1. das unterschiedliche Rollenverständnis von Mann und Frau; 2. die rechtlichen Rahmenbedingungen für eine solche Ehe (Güterrecht, Ehevertrag); 3. die Rechtsstellung der Kinder (Sorgerecht bei eventueller Scheidung, Erbrecht); 4. religiöse Erziehung der Kinder und Ausübung der Religion religionsverschiedener Ehepartner.

Zu 1: Hierbei ist es entscheidend, ob die Ehe in einem westlich geprägten oder islamischem Land geführt wird. Lebt das Paar in Europa, sind die Chancen für die Entwicklung eines partnerschaftlichen Verhältnisses größer, während in vielen islamischen Ländern eine Gehorsamspflicht der Frau gegenüber dem Mann mehr oder weniger selbstverständlich ist, auch wenn dies mit dem Koran (→ Koran) nicht immer in Einklang steht. Für den aus dem Westen kommenden Ehepartner ist es schwer, die intensive Verbindung der gesellschaftlichen und familiären Beziehungen zu akzeptieren. Von dem christlichen Partner wird von seiten der Muslime erwartet, daß er sich mit der islamischen Familie identifiziert und für ihre Ehre eintritt. Obwohl der Trend zur Kleinfamilie auch in islamischen Ländern zunimmt, gibt es dennoch die Struktur der Großfamilie, was auch eine Einordnung unter die älteren Frauen der Familie bedeutet. Ferner wird es durchaus nicht für selbstverständlich gehalten und akzeptiert, wenn die Frau einen Beruf ausüben will.

Zu 2: In Deutschland gilt eine Ehe nur dann als rechtsgültig, wenn sie standesamtlich geschlossen wird. Will das Ehepaar in Deutschland leben, muß es sich über die Bestimmungen des Ausländerrechts informieren. Die Ehe einer deutschen Frau mit einem Mann anderer Nationalität unterliegt dem internationalen Privatrecht mit unterschiedlichen nationalen Bestimmungen. Geht ein Scheidungswunsch (→ Scheidung) von dem ausländischen (islamischen) Ehemann aus, wird nach dem Recht des Landes entschieden, in dem sich die Ehepartner überwiegend aufgehalten haben.
Lebt das Ehepaar in einem islamischem Land, so sieht die Rechtslage anders aus. Die Türkei ausgenommen, die die standesamtliche Eheschließung vorschreibt, gilt die Ehe als ein privatrechtlicher Vertrag. Darin sichert die Familie der Braut die Rechte der zukünftigen Ehefrau. Auch für eine nichtislamische Frau ist das Abschließen eines solchen Ehevertrages außerordentlich wichtig. Denn in einem solchen Vertrag kann beispielsweise ausdrücklich festgelegt werden, daß eine Frau bei einer weiteren Heirat ihres Mannes das Recht erhält, von sich aus die Scheidung zu verlangen. Wichtig zu wissen ist ferner, daß die Frau in der Regel den Wohnsitz ihres Mannes teilen muß und er ihr verbieten kann, das Haus zu verlassen, Besuch zu empfangen oder ohne seine Einwilligung Auslandsreisen zu unternehmen.
Im sunnitischen Erbrecht kann weder der Muslim die Erbfolge seiner christlichen Frau antreten noch die Christin die Erbfolge ihres muslimischen Mannes. Im schiitischen Islam (→ Schiiten), etwa im Iran, haben die muslimischen Nachkommen einer verstorbenen Christin Erbrecht, nicht aber die christlichen. Christen können nur durch eine besondere Erwähnung im Testament durch eine besondere Schenkung berücksichtigt werden.

Zu 3: Die Frage der Kindererziehung sowie das Sorgerecht bei einer eventuellen Scheidung können im voraus in einem Ehevertrag festgelegt werden. Nach Ansicht der islamischen Rechtsschulen kommt im allgemeinen dem Vater das Sorgerecht zu. Zwar haben beide Eltern das Sorgerecht, solange die Ehe besteht. Stirbt jedoch der Vater, geht dieses auf den nächsten männlichen Verwandten über. Die Mutter hat das Sorgerecht bei Jungen höchstens bis zum 7., bei Mädchen bis zum 9. Lebensjahr. Das Sorgerecht der Mutter erlischt, wenn sie als geschiedene Christin das Land des Mannes verläßt. Daher ist eine Regelung des Sorgerechts zugunsten der Mutter in einem vorher geschlossenen Ehevertrag unbedingt notwendig.

Zu 4: Der muslimische Vater geht im allgemeinen von der Vorstellung aus, daß die Kinder aus einer christlich-islamischen Ehe als Muslime geboren sind (→ Menschenbild). Er wird daher dem Neugeborenen den islamischen Gebetsruf und das Glaubenszeugnis (→ Glaubenszeugnis) ins Ohr flüstern (→ Geburt). Hat die Frau andere Vorstellungen über die religiöse Erziehung, sollte dies – wenn möglich vor der Eheschließung – geklärt werden. In der Frage der Kindererziehung sollte man sich bemühen, eine Regelung zu treffen, nach der es den Kindern möglich ist, die religiösen Traditionen beider Elternteile kennenzulernen. Der Koran (→ Koran) verlangt bei der Ehe einer christlichen Frau mit einem Muslim keinen Glaubensübertritt. Die hanafitische und malikitische Rechtsschule (→ Rechtsschulen) verpflichten den islamischen Mann sogar, seine christliche Frau an Gottesdiensten ihres Glaubens teilnehmen zu lassen. Trotzdem erwarten manche Muslime auch den Glaubensübertritt ihres Ehepartners. Bei einer Eheschließung in der Moschee (→ Moschee) ist es üblich, daß der Imam (→ Imam) die 1. Sure des Korans rezitiert (→ Fatiha) und der Ehevertrag vor ihm bestätigt wird. Wenn der christliche Partner dabei aufgefordert wird, das islamische Glaubenszeugnis zu sprechen und er dies tut, gilt er als Muslim.
In den evangelischen Kirchen gibt es eine spezielle Form des Gottesdienstes zur Eheschließung eines Christen mit einem Nichtchristen. Dabei werden Gottes Verheißung für den Ehestand zugesprochen und sein Segen erbeten. Nach vorbereitenden Gesprächen mit dem Pfarrer soll der nichtchristliche Partner das christliche Verständnis der Ehe als eines Bundes kennenlernen, der vor Gott geschlossen wird. Außerdem sollen sich beide Partner zu einer Einehe verpflichten und sich freie Glaubensausübung zugestehen.

EMPFÄNGNISVERHÜTUNG

Die Anerkennung des Geschlechtsverkehrs als rechtmäßiges Verlangen hatte zur Folge, daß man sich bereits im klassischen Islam mit Methoden

der Empfängnisverhütung auseinandersetzte (→ Abtreibung). Eine relativ freimütige Diskussion dieses Problems war auch deshalb möglich, weil es zu dieser Frage keine eindeutige koranische (→ Koran) Anweisung gibt.
In der klassischen Diskussion der Empfängnisverhütung, die sich in erster Linie auf den „Koitus interruptus" bezieht, aber auch das Einnehmen von konzeptionshemmenden Mitteln durch die Frau und die Vorkehrung mit Schutzmitteln durch den Mann umfaßt, gibt es zwei Hauptrichtungen: Die eine betrachtet die Einschränkung von Geburten als Zweifel an der göttlichen Fürsorge und sieht darin eine Kindstötung. Die andere Richtung hält dem entgegen, daß Gott trotz menschlicher Maßnahmen Leben entstehen lassen kann, wenn er will, und dem Menschen daher eine gewisse Entscheidungsfreiheit einräumt.
Zu den prominentesten Vertretern dieser zweiten Denkrichtung gehört der größte islamische Theologe Al-Ghazali (1058-1111). Als Gründe für den Wunsch nach Empfängnisverhütung erkennt er an: Angst vor wirtschaftlicher Not und daraus resultierende unredliche Geschäfte; Furcht vor den Gefahren des Kindbetts und die Absicht, Leben und Schönheit der Frau zu erhalten. Al-Ghazali lehnt jedoch folgende Motive ab: die Furcht vor der Geburt eines Mädchens oder die Abneigung der Frau vor Geburt und Stillen.
Heute wird die Empfängnisverhütung in der islamischen Welt hauptsächlich von bevölkerungspolitischen Gesichtspunkten her erörtert. Der ägyptische Großmufti veröffentlichte bereits 1937 ein Rechtsgutachten (→ Fetwa), das Empfängnisverhütung zur Wahrung der Gesundheit und aus wirtschaftlicher Not rechtfertigte. Ähnlich äußerten sich auch andere islamische Autoritäten, zum Beispiel 1965 der Großmufti von Algerien. Er erlaubte Empfängnisverhütung, sofern durch solche Maßnahmen keine andauernde Unfruchtbarkeit hervorgerufen wird. Anderseits gibt es Gutachten, die Empfängnisverhütung für unislamisch erklären. Diese Argumente kommen in erster Linie solchen sozialen Schichten zugute, die in zahlreicher Nachkommenschaft ihre einzige Sozialversicherung sehen. Ferner werden auch Stimmen laut, die Empfängnisverhütung als Verminderung der wirtschaftlichen und militärischen Kraft des Staates verurteilen.

ENGEL

Neben den namentlich erwähnten Engeln Dschibril (Gabriel), der Mohammed (→ Mohammed) den Koran (→ Koran) überbrachte, Mikail (Michael),

Israfil und Azrail (beide im Koran nicht erwähnt), Harut und Marut sowie dem gefallenen Engel Iblis (→ Adam) kennt der Koran zwei Engel-Gruppen: die „Wächter der Hölle“ (74,31) und die „Nahegebrachten“ (4,172). Engel sind geistige Wesen, die Gott loben und preisen. Sie gelten als makellos und sind von schöner Gestalt. Ihre Aufgabe besteht darin, in Gottes Auftrag die Ordnung im Weltall aufrechtzuerhalten. Sie bewachen und schützen die Menschen, verzeichnen ihre Taten und nehmen die Seelen der Toten in Empfang.

Der Engel Gabriel wird im Koran als der „treue Geist“ oder „heiliger Geist“ beschrieben. In 19,17f. wird er als „unser Geist“ bezeichnet, der sich Maria als „ein ebenmäßiger Mensch“ zeigt. Gabriel und Michael üben vermittelnde Funktionen beim Offenbarungsvorgang aus: Oft wird Gabriel als Bote eingesetzt. Israfil taucht nur in eschatologischen Legenden des Islam auf. Iblis wurde aus dem Paradieses„garten“ (→ Paradies) vertrieben, weil er sich weigerte, vor dem von Gott gut geschaffenen Menschen niederzufallen (→ Menschenbild). Die Engel sind Diener Gottes und begleiten die Menschen sowie die anderen Geschöpfe. Ohne eigenen Willen und Verstand können die Engel keine Fehler begehen.

ETHIK

Der Mensch (→ Menschenbild) wird im Islam als ein zwiespältiges Wesen „in der Krise“ (H. Askari) gesehen, weil er die schöpfungsmäßig mitgegebene Wahlfreiheit (→ Vorherbestimmung) besitzt und sich bei jeder Handlung in einer neuen Entscheidung befindet. Dabei ist er der Wirkung äußerer und innerer Kräfte ausgesetzt, die ihn zum Guten/Schönen (Hair/Hasan) oder zum Bösen/Häßlichen (Sarr/Qabih) bewegen. Die Verantwortung für seine Entscheidung hat er jedoch selbst zu tragen. Die Stätte der Auseinandersetzung der gegensätzlichen (bösen/guten) Kräfte, die jeder Entscheidung vorangeht, ist nach dem bedeutendsten islamischen Theologen al-Ghazali (1058-1111) das im Koran (→ Koran) als Organ/Vermögen des Begreifens der Wahrheit hervorgehobene Qalb/Fuad, das Herz. Damit korrespondiert Nafs/Seele, die ebenso im Koran in verschiedener Funktion vorkommt: Als „Ammara bi-s-Su“ stellt sie den Inbegriff aller zum Schlechten hintreibenden Begierde im Menschen dar. Als Lawwama/tadelnde Nafs spielt sie die Rolle des Gewissens bei der und nach der Entscheidung für das Schlechte. Die Stufe der „an-Nafs al-Mutmaína“/die ihre Ruhe gefunden habende Seele, ist erreicht, wenn sie im Prozeß, dem sie ausgesetzt ist, den

Kampf über das Böse gewinnt und die Stufe der Sicherheit und Ausgeglichenheit erreicht.
Was die Existenz der Werte „gut“ und „böse“ betrifft, so sind sich alle islamischen Schulen und Richtungen im Anschluß an die koranischen Ausdrücke Hasana/das Gute und Saiyia/das Schlechte einig: Die von der Mitte des 7. bis zum 10. Jahrhundert die islamische Theologie beherrschende mu'tazilitische Schule sowie die schiitischen (→ Schiiten) Schulen bis heute halten an der Überzeugung fest, daß es an sich gute und böse Werte gibt, die dem Willen Gottes entsprechen. Ausgehend von dem alles umfassenden Willen Gottes, legt die ascharitische Schule hingegen den Akzent auf den göttlichen Willen. Für sie sind die ebenso dem göttlichen Willen entsprechenden „gut“ und „böse“ nicht unabhängig davon, „gut“ oder böse“ zu sein.

F

FAMILIE

Das Familienleben genießt eine große Wertschätzung im Islam. Obwohl die Stellung der Frau (→ Frau) durch die Reformen Mohammeds (→ Mohammed) entscheidend verbessert wurde, entwickelte sich unter dem Einfluß der orientalischen Umwelt eine vornehmlich patriarchalische Familienstruktur.
In der teilweise noch bestehenden türkischen Großfamilie leben die verheirateten Söhne mit ihren Familien im Haus des Vaters. Die mit der Familie verbundenen kulturspezifischen Vorstellungen sind aber nicht nur auf die Großfamilie beschränkt, sondern bestehen oft auch dann noch, wenn Eltern und verheiratete Kinder getrennte Haushaltungen führen.
Der Vater oder der älteste Sohn ist das Oberhaupt der Familie und vertritt diese im öffentlichen Leben nach außen. Beide haben die Pflicht, die Familie zu beschützen. In einem viel stärkeren Maß, als dies bei einer westeuropäischen Familie der Fall ist, hat der Familienvater das Recht, über das Geschick der anderen Familienmitglieder zu bestimmen.
Der ausdrückliche Respekt vor dem Vater (türk. baba, peder) kommt in verschiedenen Bräuchen zum Ausdruck: So sollen Kinder in seiner Anwesenheit nur dann reden, wenn sie dazu aufgefordert werden. Selbst erwachsene Söhne dürfen in seiner Gegenwart nicht rauchen. Allerdings ist diese väterliche Autorität auch in islamischen Ländern, zum Beispiel der Türkei, häufig mehr Wunschvorstellung als Wirklichkeit. Dennoch gilt oft noch die Autorität des Vaters – auch wenn die Kinder erwachsen sind. Diese Unterordnung der Familienmitglieder gilt nicht nur für das Verhältnis von

Eltern und Kindern, sondern auch für das zwischen älteren und jüngeren Geschwistern.
Ein Teil der elterlichen Autorität wird an ältere Geschwister delegiert, die von den jüngeren respektiert werden sollen und dafür beschützt werden.
Die türkische Sprache hat daher keine genaue Entsprechung für die Wörter „Bruder“ oder „Schwester“. Es unterscheidet stärker nach der Stellung innerhalb des Familienverbandes: Der ältere Bruder heißt „agabey“ oder „abi“, die ältere Schwester „abla“. Ein jüngerer Bruder oder eine jüngere Schwester heißen beide „kardes“. Auch zu unseren Ausdrücken für „Onkel“ und „Tante“ gibt es keine genauen türkischen Übersetzungen. „Hala“ ist die Schwester des Vaters und „teyze“ die Schwester mütterlicherseits. Dementsprechend ist „amca“ oder „apca“ der Bruder des Vaters und „dayi“ der Bruder der Mutter. Auch bei den weiteren Verwandten wird unterschieden zwischen den Verwandten des Gatten, den Gatten von Verwandten und den Gatten von Verwandten des Gatten. Der Bruder eines Gatten heißt „kayin“, die Schwester des Mannes „görümce“ und die der Frau „baldes“. „Eniste“ ist der Mann einer Schwester, aber auch ein angeheirateter Onkel. „Yenge“ ist die Frau eines Bruders oder eine angeheiratete Tante. Während im Deutschen Schwager und Schwägerin als gleichrangig betrachtet werden, drückt die türkische Sprache unterschiedliche Beziehungen der Verschwägerten zur vermittelnden Familie oder Gruppe von Blutsverwandten aus.
Wegen der unterschiedlichen Rollen und Lebensbereiche für männliche und weibliche Familienmitglieder wird die türkische Familie oft patriarchalisch genannt. Dieses Urteil basiert zum Teil auf den fehlenden Höflichkeitsformen gegenüber der Frau. Es ist jedoch fragwürdig, die türkischen Höflichkeitsregeln als Ausdruck einer Männerherrschaft zu interpretieren. Bezeichnend für die türkische Familie ist weniger die Vorherrschaft eines Geschlechts, sondern die Regelung, daß Mann und Frau jeweils reservierte Bereiche haben. Zwischen Mann und Frau besteht eine ausgeprägte Arbeitsteilung. Es ist die alleinige Aufgabe des Mannes, förmliche Entscheidungen zu treffen, die Familie nach außen zu repräsentieren und wichtige Geschäfte abzuschließen. Reine Frauensache ist dagegen die Haushaltsführung, die praktische Kindererziehung (nicht grundsätzliche Entscheidungen darüber), und in ländlichen Regionen große Teile der Feldarbeit. „Der türkische Mann ist mehr Herr außer Haus als Herr im Haus“ (F. Weiße).
Auch der gesellschaftliche Bereich von Männern und Frauen ist getrennt: Die Welt der Männer besteht aus den öffentlichen Geschäften, Moscheen (→ Moschee), Straßen und Plätzen sowie den Kaffeehäusern, in denen sie

sich treffen. Die Frauen sind aus diesen Bereichen zwar nicht völlig ausgeschlossen – so ist ihnen in der Moschee ein eigener Bereich reserviert –, doch kämen sie kaum auf den Gedanken, sich in Kaffeehäuser zu begeben. Sie treffen sich statt dessen zu vergleichbaren geselligen Runden zu Hause und pflegen auf diese Weise, wenn auch auf weibliche Personen beschränkt, ihre Sozialkontakte. Die meisten türkischen Frauen haben in Deutschland den Verlust ihrer „Frauenwelt" stärker empfunden als den Vorzug, aus ihr auszubrechen. Bei wichtigen Festen wie Beschneidung (→ Beschneidung) und Hochzeit (→ Hochzeit) feiern Männer und Frauen getrennt.

FASTEN

„O Gott (→ Gott), dies ist der Monat Ramadan, in dem Du den Koran (→ Koran) als Richtschnur der Menschen herniedergesandt hast. Dies ist der Monat der Übung, der Rückkehr zu Dir, der Buße, der Vergebung und des Erbarmens. O Gott, stehe mir mit Deiner gnädigen Hilfe bei und leite mich dadurch zum Gehorsam gegenüber Dir. Gewähre mir die Gaben dieses Monats und bewahre mich in der Buße" – so lautet ein Ramadangebet.
Der Ramadan ist der 9. Monat des islamischen (Mond-) Kalenders (→ Kalender). Er dauert 29 bzw. 30 Tage. Jedes Jahr beginnt dieser Fastenmonat im europäischen Kalender ca. 11 Tage früher als im Vorjahr. Beginn und Ende des Fastenmonats sind am Erscheinen des jeweiligen Neumondes abzulesen: sobald wieder das „Neulicht" sichtbar wird, meist 2-3 Tage nach Neumond.
Außenstehende verstehen oft nicht, was die Fastenzeit den Muslimen bedeutet. An einer anderen Religion nimmt man oft nur die Äußerlichkeiten wahr. Viele Muslime gehen dem Fastenmonat erwartungsvoll entgegen. Fasten bedeutet nach islamischem Glauben eine noch intensivere Hingabe an Gott, noch größere Solidarität mit den Mitgläubigen in der ganzen Welt. Was mag in einem Muslim vorgehen, der einen Monat lang von Beginn der Morgendämmerung bis zum Untergang der Sonne fastet? Je nach Jahreszeit können dies immerhin bis zu 20 Stunden sein. Während des Zeitraums der Helle enthalten sich alle erwachsenen, ihrer Sinne mächtigen und gesunden Muslime der Nahrung (Getränke, Genußmittel, z.B. Rauchen) und des Geschlechtsverkehrs. Das Fasten gilt als ein Gebot Gottes: „Ihr Gläubigen! Euch ist vorgeschrieben zu fasten, so wie es den Menschen, die vor euch lebten, vorgeschrieben war. Vielleicht werdet ihr gottesfürchtig sein... Gott will es euch leicht und nicht schwer machen" (2,183.185). Fasten ist Aus-

druck der Ehrfurcht (Taqwa/Gottesfurcht) vor Gottes barmherziger Gegenwart. Diese Ehrfurcht erst macht nach islamischer Auffassung den Menschen als einzigartigen, über den anderen Geschöpfen stehenden „Statthalter Gottes" im Vollsinn zum Menschen (→ Adam; → Menschenbild). Das Fastengebot stellt die Muslime ausdrücklich in die jüdischen und christlichen Fastentraditionen hinein, ist also Ausdruck einer ökumenischen Haltung.

Gott will es – das übersehen viele Christen oft – „den Gläubigen leicht machen". Der Islam will dem Menschen das abverlangen, wozu dieser auch wirklich in der Lage ist. Daher sind die Fastenforderungen kein sklavisch zu befolgendes Gesetz. Vielmehr passen sie sich flexibel besonderen Umständen an: Altersschwache, unheilbare Kranke und Kinder sind vom Fasten befreit. Reisende, schwangere und stillende Frauen, Kranke und Alte können ihr Fasten verschieben. Menstruierende Frauen dürfen nicht fasten. Liberale muslimische Theologen neigen dazu, Schwerstarbeitern eine Unterbrechung des Fastens zu gestatten. Vertreter bestimmter Berufe – Piloten u.ä. – sind aufgrund besonderer Rechtsgutachten (→ Fetwa; → Rechtschulen) vom Fasten befreit. Als Ersatzleistung ist eine Armenspeisung vorgesehen: Sie sollen einen Armen einen Monat lang so mit Grundnahrungsmitteln versorgen wie sich selber oder Geld in entsprechender Höhe spenden.

Fasten verändert das Bewußtsein. Daher gilt der Ramadan als hervorragende Gelegenheit, sich Gott einmal wieder konzentriert zuzuwenden. Das Ramadan-Fasten fördert die Standhaftigkeit und Geduld der Gläubigen. Das islamische Menschenbild basiert auf der Ganzheit des Menschen, der aus Körper, Geist und Seele besteht. Die islamischen Vorschriften haben deshalb immer den ganzen Menschen im Blick. Nicht das Gebet „im stillen Kämmerlein" ist gefordert, vielmehr der volle Einsatz des Körpers und die geistig-innere Haltung, ohne die das Fasten sonst wertlos wäre. In der christlichen Tradition wurde das Fasten zunehmend vergeistigt. Konkrete Anweisungen zur persönlichen Lebensführung, die den ganzen Körper betreffen, wurden teilweise auf finanzielle Opfer reduziert. Die leibliche Seite des Fastens, die mittlerweile auch evangelische Christen wiederentdecken (Aktion „Sieben Wochen ohne") verkümmerte zugunsten seiner spirituell-sozialen Komponente. Selbstverständlich kennt der Islam solche Vergeistigungen auch; doch vernachlässigte er darüber nie die körperliche Seite.

Manche Muslime deuten ihr Fasten auch im Sinne einer Kritik an der modernen Konsumgesellschaft. Islamische Kinder lesen in ihren Schulbüchern: „Wenn wir nichts essen, denken wir an die Menschen, die arm und

in Not sind und oft nichts zu essen haben." Einige islamische Theoretiker sehen das Problem von der strukturellen Seite her, plädieren für eine gerechtere Weltwirtschaftsordnung. Das Ramadan-Fasten wird so zu einem Symbol islamischer „Befreiungstheologie".
Wie alle übrigen islamischen Pflichten (→ Fünf Säulen) ist das Fasten eine gemeinschaftliche Handlung, die den einzelnen Muslim in die große „Umma" (→ Umma), die Gemeinschaft aller Gläubigen, die „Brüder" und „Schwestern" sind, einreiht. Zu den positiven Auswirkungen des Fastens gehört, daß der soziale Zusammenhalt der Gemeinden stärker wird und so auf den einzelnen ein stabilisierender Einfluß ausgeht. Das Fasten hat eine wichtige ethische (→ Ethik) Seite: Es wäre ungültig, wenn der Muslim lügen und betrügen würde, anderen Menschen übel nachredete, grobe und verletzende Worte gebrauchte.
Allabendlich findet das „Fastenbrechen" statt: ein kommunikatives Ereignis im Kreise von Verwandten, Nachbarn und Freunden. Guter Brauch ist es, sich um die Mittellosen zu kümmern. Der Fastenmonat ist eine Zeit der Buße und Versöhnung. Man soll die Abendstunden nutzen, um wieder Frieden zu stiften: Frieden/Salam – eines der großen Worte des Islam.
Die Ramadanzeit hat zwei Höhepunkte: Üblicherweise am 27. Ramadan wird die „Lailat al-Qadr", die „Nacht der Bestimmung" (→ Nacht der Bestimmung) gefeiert. In dieser „heiligen Nacht" ließ der barmherzige Gott sein Buch aus unverdienter Gnade und Menschenfreundlichkeit herab, um die Menschen „rechtzuleiten". Höhepunkt und Abschluß der Fastenzeit ist das große Fest „Id al-Fitr" (wörtl. „Fest des Fastenbrechens"). Im türkischen Islam wird es „Scheker Bayram" (→ Scheker Bayram), „Zuckerfest", genannt, weil die Kinder vielerlei Süßigkeiten erhalten.
„Höre mich in diesem Monat" – so endet das eingangs zitierte Ramadangebet –, „wenn ich zu Dir rufe, damit ich dessen teilhaftig werde, worauf ich hoffe."
Ein besonderer Fasttag ist der 10. Muharram, der sogenannte Assure-Tag (→ Aschure-Tag).

FATIHA, AL-

„Al-Fatiha" (die Eröffnende) ist die erste und wichtigste Sure des Korans (→ Koran):
Lob sei Gott,
dem Herrn der Welten,

dem barmherzigen Erbarmer,
dem Herrn des Gerichtstages.
Dir dienen wir, dich rufen wir um Hilfe an:
Führe uns den geraden Weg,
den Weg derer, denen Du Gnade erwiesen hast,
und nicht derer, die Gegenstand des Zorns sind
und die in die Irre gehen.

Die bedeutsamen Verse dieser 1. Sure sind Hauptbestandteil des Pflichtgebetes (→ Gebet, rituelles). Nicht weniger als 20mal werden sie vom praktizierenden Muslim täglich gebetet. In den Augen mancher Muslime enthalten die Zeilen der Fatiha das „Wesen der koranischen Botschaft“, die „vollständige Botschaft des Korans“ (Hossein Nasr). Obgleich der Text am Anfang des Korans steht, handelt es sich nicht um die zeitlich gesehen früheste Sure. Die Fatiha stellt vermutlich die letzte Offenbarung aus der 1. mekkanischen Phase dar. Das Grundthema der Fatiha läßt sich so bestimmen: Es ist ein Gotteslob und Bekenntnis einer Gruppe, die ihre Rechtgläubigkeit beteuert. Sie bittet um „Rechtleitung“ und grenzt sich dabei von heterodoxen Gruppen ab. Mag es sich bei denjenigen, die „Gegenstand des Zorns sind und in die Irre gehen“, zunächst um oppositionelle Gruppen in Mekka gehandelt haben, so wurden später unter der Zornesgruppe vielfach die Juden und unter den Irregehenden oft die Christen verstanden. Manche Ausleger sehen in den beiden Oppositionsgruppen auch bestimmte negative Kräfte innerhalb der islamischen Gesellschaft, die für Spaltungen und Streitigkeiten verantwortlich gemacht werden.

FETWA

Dieses eingedeutschte Wort heißt auf arabisch „Fatwa“. Gemeint ist damit ein von einem „Mufti“ (Rechtsgelehrten) erstelltes Rechtsgutachten über Fragen religiös-rechtlicher Natur. Jeder Gläubige, der in praktischen Alltagsfragen zuverlässige Auskunft für seine glaubensgemäße Lebensführung benötigt, kann sich an einen Mufti wenden und um ein solches Gutachten bitten. Die Tätigkeit von Muftis reicht bis in die islamische Frühzeit zurück, wo die erstellten Fetwas dem Richter als Entscheidungshilfe dienten.

Da die Muftis während der ganzen islamischen Geschichte aktuelle Fragen beantworten mußten, wurde das Fetwa indirekt zu einem Mittel, mit dem sich der Islam den zeitgenössischen Problemen anpaßte und anpaßt.

FRAU

Der Koran (→ Koran) verbesserte im Vergleich zum vorislamischen Arabien die Stellung der Frau in vielerlei Hinsicht: Verbot des Aussetzens von weiblichen Neugeborenen; religiöse Gleichstellung von Mann und Frau; Recht der Frau auf Besitz; Festlegung bestimmter Bedingungen für Mehrehe und Scheidung (→ Scheidung), die als erlaubt, aber verpönt gilt. In Koran und Sunna (→ Sunna) gilt die Ehe (→ Ehe) als eine empfohlene, selbstverständliche Einrichtung, in der beide Partner in Liebe und Verständnis einander zugetan sein und sexuelle Erfüllung finden sollen. Im islamischen Recht (→ Rechtsschulen) genießt der Mann insgesamt eine Vormachtstellung. Während die Frau im Frühislam teilweise aktiv am politischen Leben teilnahm, wurde seit der Zeit der Abbasiden (→ Abbasiden; → Geschichtsverständnis) zunehmend das Tragen von Schleier (→ Schleier), die Einrichtung von Harems und die Verbannung der Frau aus der Öffentlichkeit üblich. Dies wurde später von den islamischen Rechtsgelehrten sanktioniert, obgleich solche Vorstellungen ursprünglich nicht im Koran legitimiert werden. Vom 19. Jahrhundert an traten Reformer für eine Verbesserung der Stellung der Frau ein. Diese Reformversuche hatten in den einzelnen Ländern unterschiedliche Erfolge. Trotz vieler Reformen im gesellschaftlichen Bereich sind die sexuellen Normen in den meisten islamischen Ländern stark von patriarchalischen Vorstellungen geprägt. Eine nicht ausschließlich im Islam begründete übertriebene Ehrauffassung, verdrängte Ängste des Mannes vor einer gleichberechtigten Partnerbeziehung sowie das Verschweigen der liberaleren Traditionen in der islamischen Sexualethik (→ Sexualität) haben heute in großen Teilen der islamischen Welt zu einer eher negativen Entwicklung geführt.

FÜNF HEILIGE NÄCHTE

Zu den „fünf heiligen Nächten" gehören „Mevlid Kandili" (→ Mevlid Kandili): Geburtstag des Propheten; „Miradsch Kandili" (→ Miradsch Kandili): Gedächtnis der nächtlichen Himmelsreise des Propheten; „Kadir Gecesi" (→ Nacht der Bestimmung): „Gedächtnis der ersten Offenbarung des Korans"; Nacht der Sichtung (des 1. Neumonds zu Beginn des Ramadan) (→ Nacht der Sichtung).

FÜNF SÄULEN

Der islamische Glaube unterscheidet zwischen den Pflichten, die der Mensch (→ Menschenbild) Gott (→ Gott) schuldet, und den Pflichten gegenüber seinen Mitmenschen und der Gemeinschaft (→ Umma). Bei den fünf religiösen Grundpflichten, die oft als die „fünf Säulen" (Arkan) des Islam bezeichnet werden, sind beide Pflichtbereiche betroffen. Die fünf Grundpflichten sind persönliche und gesellschaftliche Handlungen zugleich. Ihre Bedeutung liegt insbesondere darin, daß sie von den Gläubigen gemeinsam und öffentlich verrichtet werden.

Zu den Grundpflichten gehören: 1. das Glaubenszeugnis (→ Glaubenszeugnis); 2. das rituelle Pflichtgebet (→ Pflichtgebet, rituelles); 3. das Fasten (→ Fasten); 4. die fälschlich „Almosen" genannte Pflichtabgabe (→ Zakat); die Wallfahrt (→ Wallfahrt) nach Mekka (→ Mekka).

„Frömmigkeit besteht nicht darin, daß ihr euer Gesicht nach Osten oder Westen wendet. Frömmigkeit besteht darin, daß man an Gott, den Jüngsten Tag, die Engel, das Buch und die Propheten glaubt, daß man, aus Liebe zu ihm, den Verwandten, den Waisen, den Bedürftigen, dem Reisenden und den Bettlern Geld zukommen läßt und es für den Loskauf der Sklaven und Gefangenen ausgibt, und daß man das Gebet verrichtet und die Abgabe entrichtet" (2,177).

FUNDAMENTALISMUS

Weltweit scheint der Fundamentalismus auf dem Vormarsch zu sein, nicht nur im islamischen und christlichen Bereich, vielmehr auch in Judentum, Hinduismus und anderswo. Der Vormarsch des christlichen Fundamentalismus hat mehrere Ursachen: Zum einen ist er Antwort auf das immer deutlicher werdende Unbehagen vieler Menschen an der modernen, weitgehend säkularisierten Welt. Die Orientierungs- und Bindungskraft der Kirchen schwindet ebenso zunehmend wie anderseits die Fortschrittsgewißheit und der Glaube an die Wissenschaft. Diesen Erosionsprozessen stemmt sich der Fundamentalismus als eine religiöse Antwort mit „objektiv"-sicherem Glaubensbestand entgegen. Er geht von absoluten Wahrheiten aus, die gegenüber wissenschaftlicher Kritik, insbesondere der historischen Relativierung des eigenen Glaubens, immun sind. Typisch für Fundamentalismus ist der Glaube an die Unfehlbarkeit der Heiligen Schrift, die Ablehnung der Ergebnisse der modernen Wissenschaft, die Dialogunfähigkeit, gepaart mit Intoleranz gegenüber Andersgläubigen selbst innerhalb der eigenen Religion, schließlich die Überzeugung, daß die Politik christlich sein müsse. Der islamische Fundamentalismus – wenn man diesen aus dem US-Protestantismus des frühen 20. Jahrhunderts übernommenen Begriff überhaupt verwenden will – zeichnet sich dagegen durch folgende Merkmale aus, unabhängig davon, ob er sich in sunnitischer oder schiitischer Gestalt zeigt:

- Rückkehr zum Koran (→ Koran) als unverfälschte Glaubensquelle;
- Orientierung am Frühislam, als die Einheit der islamischen Gemeinschaft, der „Umma" (→ Umma), noch Realität war;
- Die Errichtung einer islamischen Gemeinschaft, in der die Scharia (→ Scharia), das islamische Recht (→ Rechtsschulen), alle Bereiche des menschlichen Lebens regelt;
- Betonung der Gleichheit aller Gläubigen.

Noch stärker als andere Muslime betonen die islamischen Fundamentalisten die Einheit Gottes (→ Gott) und die daraus resultierende Einheit der islamischen Gesellschaft.

Im Nahen Osten sind fundamentalistische Denker immer dann aufgetreten, wenn sich die islamische Welt in einer Krise befand. Zum Beispiel forderte der Theologe Ibn Taimiya (gestorben 1328) eine Rückkehr zur Urgemeinde von Medina (→ Medina), nachdem er den Islam durch den Tatareneinfall von außen und durch eine spekulative Philosophie von innen gefährdet sah. Immer wieder gab es fundamentalistische Bewegungen in der islamischen Welt. Auch der Wahhabismus, die bis heute offizielle Religionsauffassung Saudi-Arabiens, war eine solche Bewegung gegen religiöse Neuerungen.

Der islamische Fundamentalismus unserer Tage ist im Unterschied zum christlichen vor allem eine späte Reaktion auf die Kolonialzeit, in der Europa seine technische Überlegenheit oft als Mittel von Herrschaft und wirtschaftlicher Ausbeutung einsetzte. Hinzu kommt, daß viele der an Europa orientierten Regierungen islamischer Länder es nicht geschafft haben, die sozialen und wirtschaftlichen Probleme zu überwinden. Anders als im christlichen Fundamentalismus werden technologische und ökonomische Neuerungen nicht kritisiert oder abgelehnt. Man wehrt sich lediglich gegen die sozialen Modernisierungen – die vermeintliche westliche „Unmoral" und „Unkultur". Es ist kein Wunder, daß zum Beispiel in Algerien die Fundamentalisten so großen Erfolg haben. Ging doch die französische Kolonialpolitik besonders unsensibel mit der islamischen Kultur und Religion um. Im Unterschied zum Iran fehlt jedoch in Algerien eine Führergestalt mit dem Charisma Khomeinis.

GEBET, rituelles

Der Islam kennt zwei Arten von Gebeten: das rituelle Pflichtgebet (die Salat), das zu den „fünf Grundpflichten" (→ Fünf Säulen) gehört, und das freiwillig-spontane Gebet (Dua), das jeder Gläubige zu beliebigen Zeiten sprechen kann, wann immer er sich an Gott (→ Gott) wenden will. In der frühen mekkanischen (→ Mekka) Zeit war ein solches Gemeinschaftsgebet noch nicht üblich. Erst in der zweiten und dritten mekkanischen Phase wurde diese Praxis allmählich eingeführt. In Medina (→ Medina) stellte sie bereits einen festen Bestandteil des Gemeindelebens dar.
Zunächst war die Gebetsrichtung Jerusalem (→ Jerusalem), bis Mohammed nach dem endgültigen Bruch mit den medinensischen Juden (→ Mohammed; → Schriftbesitzer) Mekka (→ Mekka) als Gebetsrichtung vorschrieb. Zu Lebzeiten des Propheten variierten Anzahl und Zeiten der Gebete. Gegen Ende des 1. Jahrhunderts islamischer Zeitrechung wurde dann von islamischen Gelehrten die Zahl der Pflichtgebete auf fünf festgesetzt (→ Miradsch Kandili). Seither sollen die Gebete, die vom Gebetsrufer, dem Muezzin, oder immer häufiger durch ein Tonband angekündigt werden, vom Beginn der Morgendämmerung bis zum Sonnenaufgang (1), zur Mittagszeit nach dem Höchststand der Sonne (2), am Nachmittag (3), am Abend unmittelbar nach Sonnenuntergang (4) und dem Einbruch der Nacht (5) verrichtet werden. Obwohl der Koran (→ Koran) die Gebetspflicht aller Muslime betont, sind Kranke, Altersschwache und Reisende ausgenommen oder dürfen das Gebet in verkürzter Form verrichten. Vor dem Pflichtgebet muß sich der Muslim rituell reinigen. Im allgemeinen wird er dafür das Wasser verwenden, das in jeder Moschee zu finden ist. Ist kein Wasser vorhanden, darf er sich auch mit sauberem Sand reinigen. Betritt der Muslim die Moschee, so zieht er die Schuhe aus. Der Muslim braucht jedoch die Moschee nicht zum Gebet; denn einer bekannten Überlieferung zufolge wurde „die ganze Erde für ihn zur Moschee gemacht". Betet er unterwegs, so zeichnet er den Gebetsort in der Regel durch einen mitgebrachten Teppich oder notfalls ein Stück Zeitung aus. Diese äußere Reinheit, die durch anständige Kleidung vervollständigt wird, soll die innere Reinheit und einen Weihezustand versinnbildichen. Das Pflichtgebet erfüllt mehrere Aufgaben: Es bringt eine innere Einstellung zum Ausdruck, die „Anwesenheit des Herzens", demütige Ergebenheit, Vertrauen in die göttliche Barmherzigkeit. Die Bedeutung des Pflichtgebets wird in einem Hadith (→ Hadith) ausgedrückt: „Stellt euch vor, jemand hätte vor seinem Haus einen Fluß und

würde in ihm fünfmal am Tag baden, würde dann etwas von seinem Schmutz an ihm bleiben?" Die Gefährten antworteten: „Nichts von seinem Schmutz würde bleiben." Da sagte er: „Genauso ist es mit den fünf Gebeten, Allah tilgt durch sie die Sünden."
Vor Beginn des Pflichtgebets wird die Absicht, sich der Andacht zu widmen, zum Ausdruck gebracht. Zu Anfang des Gebets wendet sich der Gläubige in Richtung Mekka, die innerhalb einer Moschee durch die Gebetsnische (den Mihrab) angezeigt wird. Der Weihezustand beginnt mit den Worten: „Allahu akbar": „Gott ist groß" oder „am größten". Das Pflichtgebet besteht aus der Rezitation von Suren und Gebeten, in deren Verlauf der Gläubige steht, sich verbeugt, auf den Boden wirft und sitzt.

GEBURT

Die Geburt eines Kindes ist immer Anlaß zur Freude. Unmittelbar nach der Trennung der Nabelschnur wird das Neugeborene mit den Grundelementen des Islam in Verbindung gebracht. So wie Gott am Anfang aller Zeit (→ Menschenbild) von allen Nachkommen Adams (→ Adam) das Zeugnis seiner Einheit abverlangte, so wird jedem Neugeborenen der „Adhan" (Gebetsruf) in das linke Ohr sowie die „Qamah" (Ankündigung des Beginns des Gebetsgottesdienstes) in das rechte Ohr geflüstert. Kinder werden als Geschenke Gottes betrachtet. Wird ein Kind mit körperlichen oder geistigen Behinderungen zur Welt geboren, so gilt es trotzdem als Geschenk Gottes – nicht etwa als Strafe für eine Sünde! –, aber auch als Prüfung. Man ist Gott sogar dankbar dafür, daß er nicht noch etwas Schlimmeres eintreten ließ.
Aus vorislamischer Zeit ist die Sitte erhalten geblieben, zur Geburt eines Kindes ein Tier zu schlachten und sein Fleisch an Bedürftige zu verteilen. Ungefähr am 7. Lebenstag des Kindes findet eine kleine Feier zur Namensgebung statt. Ein Geistlicher (→ Hodscha; → Imam) oder eine angesehene Person hebt das Kind hoch, hält seinen Kopf in Richtung Mekka (→ Mekka) und spricht ihm bestimmte Koranabschnitte (→ Koran) und dreimal seinen Namen ins rechte Ohr. Oft findet anläßlich der Namensgebung ein Festessen mit Freunden und Verwandten statt.
Die ersten 40 Tage bleiben Mutter und Kind im allgemeinen zu Hause. Entweder bei der Namensgebung oder am Ende der 40 Tage singt ein Geistlicher das „Mevlut" (ein Gedicht auf die Geburt Mohammeds). Mutter und Kind fühlen sich in den ersten 40 Tagen besonders durch den „bösen

Blick" (→ Blick, böser) gefährdet. Das Kind wird durch ein Amulett davor geschützt, das häufig aus blauen Glasperlen und zum Teil auch aus Gold und Silber besteht. Das Amulett wird manchmal mit einem roten Band befestigt, das zusätzlich schützen soll. Wenn ein Besucher das Neugeborene betrachtet und der Mutter gratulieren will, so sagt er: „Maschallah" (→ Redewendungen). Dies bedeutet: „Was Gott will" im Sinne des Erstaunens und der Verwunderung.

GEBURTSTAG

Geburtstage haben in der islamischen Tradition keinen großen Stellenwert. Erst in jüngerer Zeit werden sie in den Städten gefeiert. Besonders für das Leben auf den Dörfern ist der Geburtstag weniger wichtig. Feste sind hier vor allem mit bestimmten Ereignissen im Lebenslauf verbunden, wie zum Beispiel der „erste Zahn" (→ Zahn, erster), das „erste Nägelschneiden" oder die „ersten Schritte des Kindes".
In manchen Gegenden gibt es den Brauch der „Bismillah-Zeremonie". Im Alter von vier Jahren, vier Monaten und vier Tagen wird das Kind festlich angekleidet und lernt die Segensformel „Bismillah" („Im Namen Gottes") als Beginn seines erwünschten späteren Koranstudiums kennen.

GESCHICHTSVERSTÄNDNIS

Der Muslim betrachtet Geschichte als notwendige Vorstufe zum Jenseits (→ Paradies). Jedes Ereignis hat für ihn einen doppelten Bezug: Im Diesseits sollen die Muslime gemeinschaftlich eine ideale Gesellschaft (→ Umma) aufbauen; und im Jenseits müssen sie sich für ihre geschichtlichen Aktivitäten verantworten. Für den Muslim ist Geschichte auch deshalb bedeutsam, weil Religion und Politik (→ Religion und Politik) eine Einheit bilden und die staatliche Geschichtsschreibung daher nicht unabhängig von theologischen Einflüssen war.
Glaubensstreitigkeiten entzündeten sich oft an der Frage, wie die Geschichte in einer bestimmten Situation hätte verlaufen sollen. Auch die beiden Hauptrichtungen des Islam, Sunna und Schia (→ Schiiten), unterscheiden sich weniger in theologischen Fragen als in politischen Ansichten über die Person des geeigneten Herrschers oder in der Beurteilung bestimmter geschichtlicher Situationen, die für die Herausbildung dieser Richtungen entscheidend waren.

Für heutige Muslime ist Geschichte einerseits Wurzel ihrer Identität, aus der ein Gefühl des Stolzes auf die eigene Kultur entwickelt wird. Anderseits ist sie auch Gegenstand historischer Forschung. Dennoch ist die Anwendung der historisch-kritischen Methode allenfalls für weniger zentrale Ereignisse üblich, nicht aber für entscheidende Glaubensfragen.
Mohammeds (→ Mohammed) Botschaft ereignete sich zwar in der Geschichte, wird aber durch ihren göttlichen Ursprung zur unvergänglichen Wahrheit. Selbst der islamische Historiker, der mit westlichen Forschungsmethoden vertraut ist, kann seine Geschichte nicht losgelöst von ihren religiösen Inhalten betrachten. Wahrt er die Einheit von religiöser und politischer Geschichte, zieht er gewöhnlich eine idealisierende Methode der kritischen Analyse vor.
Als natürliche Reaktion darauf, daß die Muslime in der Kolonialzeit (→ Kolonialismus) nicht Subjekt, sondern Objekt ihrer eigenen Geschichte waren, bemüht man sich durch Hervorhebung der vorkolonialen Zeit ein geschichtliches Bewußtsein zu entwickeln. Diese idealisierte Vergangenheit wird den Muslimen häufig in Reden von religiösen Führern, aber auch politischen Demagogen in Krisensituationen vor Augen geführt, wie es zum Beispiel die Nahostkriege oder der Golfkrieg demonstriert haben.
Vereinfacht gesehen, kann man drei Richtungen unterscheiden, die sich nicht unbedingt gegenseitig ausschließen: Die erste betont vor allem die ruhmreichen Epochen islamischer Geschichte, wobei vor allem die Frühzeit – die Zeit der „vier rechtgeleiteten Kalifen" (→ Kalifat) – eine besondere Idealisierung erfährt. Die zweite Richtung betont den Panarabismus und die gemeinsame arabische Geschichte. Diese Strömung wurde und wird hauptsächlich von der Baath-Partei (→ Aflaq, Michel) vertreten, die einerseits von ihrem Selbstverständnis eher national als religiös eingestellt ist und zum andern dadurch auch die nicht-islamischen Bürger einbeziehen möchte. Eine dritte Richtung greift auf die vorislamischen Wurzeln der Kultur zurück: Pharaonen in Ägypten; Assyrer im Irak; Phönizier im Libanon; Sabäer in Jemen. Damit will man auch unterstreichen, daß der Nahe und Mittlere Osten die Wiege vieler Hochkulturen war in einer Zeit, als sich Europa noch in finsterster Barbarei befand. Manche Reformer und Politiker, die die Geschichte vor allem zur Lösung von Gegenwartsproblemen betrachten, vergleichen den Historiker mit einem Arzt. Ebenso wie dieser zur Heilung die Geschichte seines Patienten kennen muß, sollte der Historiker mit der Geschichte seiner Nation vertraut sein, um Reformen anregen zu können. Daneben gibt es aber auch Stimmen, die davor warnen,

die Geschichte in den Dienst bestimmter Ziele zu stellen. Statt dessen sollen Wertneutralität, Objektivität angestrebt und die Vergangenheit so erforscht werden, wie sie wirklich war – auch mit ihrem Negativen.

GESUNDHEIT/KRANKHEIT

In den koranischen Schöpfungserzählungen (2,28ff.; 20,114ff.; 7,10ff.) wird der Mensch als Gottes bestes Geschöpf und sein Statthalter auf Erden beschrieben (→ Adam; → Menschenbild), der rangmäßig sogar noch über den Engeln (→ Engel) steht, weil er sich zwischen Gut und Böse entscheiden muß. Aus Dankbarkeit gegenüber Gottes Offenbarung und seiner guten Schöpfung stellt der Mensch seine ganze Existenz und sein irdisches Streben Gott zur Verfügung. Diese freiwillige Hingabe an den einen und einzigen Gott bedeutet Islam (→ Islam). Der Begriff Islam ist abgeleitet von der Wurzel „s-l-m" im Sinne von: sicher sein, heil sein, ganz sein, unversehrt sein. Ebenso steht das Wort für „Glauben" (Iman) in einer engen Beziehung zu der Vorstellung von Sicherheit, Geborgenheit, Frieden. Richtig verstanden, bilden Islam und Iman für den Gläubigen unverzichtbare Elemente einer umfassenden gesunden Lebensordnung und tragen zu seelischer Ausgeglichenheit und innerem Frieden, zur Befreiung von Angst und Bewältigung von Schicksalsschlägen bei. Sie bilden damit die Voraussetzung für seelische Gesundheit.

Wenn es im Gebetsruf heißt: „Auf zum Gebet, auf zum Falah (Heil)", so ist damit kein ausschließlich jenseitiges Heil gemeint. Dieser Gesichtspunkt der Ganzheitlichkeit hat zur Folge, daß Muslime sich sogar psychisch oder physisch krank fühlen können, wenn sie gezwungen sind, sich längere Zeit in nichtislamischen Ländern aufzuhalten, in denen das private und gesellschaftliche Leben nicht auf dem Islam basiert. Menschen, die „Ungläubigen" und „Heuchlern" nahestehen, werden im Koran (→ Koran) als Kranke beschrieben: „Ihre Herzen sind krank, und Gott mehrt ihre Krankheit, und für sie ist schwere Strafe für ihr Lügen" (2,9). „Und da die Heuchler und jene, in deren Herzen Krankheit war, sprachen: Gott und sein Gesandter haben uns nur Trug verheißen" (33,12). „Wahrlich, wenn die Heuchler und diejenigen, in deren Herzen Krankheit ist, und die Aufwiegler in Medina (→ Medina) nicht aufhören, so werden wir dich gegen sie anspornen" (33,60).

Das Wort „heilen" (schafa) kommt ebenfalls im Koran vor. In 26,80 ist von Gott als demjenigen die Rede, der den Menschen heilt, wenn er krank

ist. An einer Stelle (16,69) kommt das Wort auch im konkreten Sinn vor, wo Honig als Heilmittel für den Menschen genannt wird.
Erwähnung verdienen auch die Wunderheilungen Jesu (→ Jesus), die der Koran im Zusammenhang mit der Wiederbelebung von Toten erwähnt. In 3,49 und 5,110 heißt es, daß Jesus mit Gottes Hilfe den oder die „Mutterblinden und Aussätzigen" heilen wird. Jesus ist daher auch der große Wunderarzt unter den im Islam besondere Verehrung genießenden Propheten (→ Propheten und Gesandte).
Dem Teufel wird eine krankmachende Rolle zugeschrieben. So wird von Hiob in 38,41 gesagt: „Siehe, berührt hat mich der Satan mit Plage und Pein". In 11,58 wird das Auftreten des Propheten Hud dahingehend von seiner Umgebung gedeutet, daß die Götzen ihn mit einem Übel heimgesucht haben. Bei Mohammed wurde eine Verzauberung durch Geister angenommen. Die krankmachende Rolle von Dämonen wird nur von Ungläubigen unterstellt. Für den Muslim hat allein Gott die Macht, den Menschen Krankheit zu schicken und sie wieder genesen zu lassen. Insbesondere zwei Fragen waren von Anfang an für den Gläubigen besonders wichtig: Die Frage nach der Ursache und dem Sinn einer Krankheit sowie der Rechtfertigung von Heilmaßnahmen. Die Tatsache, daß Muslime Gott als die primäre Ursache von Krankheit und Heilung annehmen, bewirkte bei manchen Gläubigen die Einstellung, eine Krankheit als religiöses Verdienst und göttliche Auszeichnung zu betrachten und sich aus diesem Grund nicht um Heilung zu bemühen. Diese Form des Gottvertrauens, das vor allem bei den Mystikern üblich war, führte dann zur Unterlassung notwendiger Heilbehandlungen. Man berief sich dabei u.a. auf die koranische Aussage, daß Gott Dinge tut, die dem Menschen nicht gefallen, aber für ihn gut sind – sowie Dinge, die ihm zwar gefallen, aber zum Nachteil gereichen. Der berühmte Theologe und Philosoph al-Ghazali (1058-1111) sagte dazu: „Krankheit ist eine Erfahrung, durch die den Menschen das Wissen um Gott zuteil wird; denn er sagte: Krankheiten sind meine Diener, die ich auserwählten Freunden beigebe." In der Tradition gibt es ferner Belege dafür, daß die Gläubigen meinten, durch Krankheiten Vergehen zu sühnen. Daneben gibt es eine stärkere Traditionsströmung, die im Sinne des Koranverses 5,32 handelt: „... wer eine Seele ermordet, ohne daß er einen Mord oder eine Gewalttat im Lande begangen hat, soll sein wie einer, der die ganze Menschheit ermordet hat. Und wer einen am Leben erhält, soll sein, als hätte er die ganze Menschheit am Leben erhalten." Vor allem der zweite Teil wird als Verpflichtung zur aktiven medizinischen Hilfe gesehen. Eine

gern zitierte Überlieferung (→ Hadith) lautet: „Gott schickt keine Krankheit, ohne auch die Arznei dafür herabzusenden.“

GEWALT

Ob es sich um Flugzeugattentate handelt oder um die unselige Rushdie-Affäre, ob die Türken zu Luthers Zeiten vor Wiens Toren standen oder heute vor Brüssel: Immer glaubt sich das Abendland in Gefahr, bricht Endzeitstimmung aus. Das christliche Trauma vom unheilvollen Islam, der sich angeblich „mit Feuer und Schwert“ durch den „Dschihad“ (→ Dschihad), den vermeintlich „heiligen“ Krieg ausbreitet, ist so alt wie die Begegnung der beiden Religionen. Der Islam hat jedoch sowohl ein aggressionsförderndes als auch friedenstiftendes Potential.

1. Innerislamische Phänomene, die Gewalt fördern können:

1.1 Der „kleine Dschihad“ (→ Dschihad)

Aufgrund der fehlenden Trennung von staatlichem und religiösem Bereich mußte der Islam von Anfang an Aufgaben erfüllen, die nach unserem Verständnis dem Staat zukommen. Er kennt daher den „kleinen Dschihad“ zur Ausbreitung des islamischen Herrschaftsgebietes. Dadurch besteht die Gefahr, daß eine bestimmte Form von Gewalt idealistisch verklärt wird und man durch die Bezeichnung „gerechter Kampf“ auch zweifelhaften Zielen eine höhere Weihe verleiht.

1.2 Der Glaube an die „Verbesserbarkeit der Welt“

Die Vorstellung, daß die bestehende Welt unter der Herrschaft der rechten Religion verbessert werden kann, stellt unter Umständen einen Antrieb zur Gewalt dar. Da der Muslim es als seinen Schöpfungsauftrag betrachtet, eine gottgewollte Ordnung auf Erden zu verwirklichen, bekämpft er bestehende Verhältnisse, die diesem Ziel im Wege stehen. Nach dieser Auffassung bleibt Gewalt so lange ein notwendiges Übel, wie es in dieser Welt menschenunwürdige Zustände gibt.

1.3 Die Einheit von Religion und Politik (→ Religion und Politik)

Die enge Verbindung von Religion und Politik hat zur Folge, daß politische (Miß-)Erfolge in einem engen Zusammenhang mit der Religion gesehen werden. Heutige gesellschaftliche Fehlentwicklungen und Krisen werden daher teilweise als Folgen der Mißachtung religiöser Bestimmungen gedeutet. Auf dem Wege zu einer neuen besseren Gesellschaftordnung werden daher negative Begleitumstände, wie Fremdenablehnung und rigorose Reformen, in Kauf genommen. Diese ganzheitliche Sicht der Welt kann also beim Zusammentreffen bestimmter Faktoren fanatisierend und aggressionsfördernd wirken, zumal wenn das Traditionsbewußtsein der Bevölkerung von der religiösen und politischen Führung ausgenutzt wird.

2. Innerislamische Phänomene, die Gewaltlosigkeit fördern können:

2.1 Der „große Dschihad"

Ein Dschihad muß nicht notwendigerweise mit der Waffe in der Hand geführt werden. Heutige Interpretationen sehen im Dschihad vor allem einen Kampf gegen Korruption sowie gegen soziale und wirtschaftliche Mißstände. Er wird also nicht nur in den Dienst destruktiver Ziele gestellt, sondern soll zur Verwirklichung von Gerechtigkeit, Gleichheit und Befreiung von Unterdrückung beitragen.

2.2 Die islamische Toleranz

Bei der Behandlung von Nichtmuslimen ging der Islam nicht vom Prinzip der Vernichtung, sondern von dem der Eingliederung aus. Man schloß Schutzverträge, die den Andersgläubigen Sicherheit garantierten und dem islamischen Staat Steuerzahler brachten. Dieser Toleranz lag auch die Überzeugung zugrunde, daß Muslime, Juden und Christen ihre Religion auf Abraham (→ Abraham) zurückführen und ein und denselben Gott (→ Gott) verehren.

2.3 Friede als Normalzustand

Krieg gilt im Islam als erlaubte Ausnahme, Frieden hingegen als Normalzustand. Muslime weisen auch darauf hin, daß die arabischen Wörter „Islam" und „Salam" auf die gemeinsame Wurzel „s-l-m" (→ Islam) zurückgehen. Sie betonen, daß der Friedensgedanke in der Natur des Islam verwurzelt ist. Frieden gehört zu den wichtigen Beinamen Gottes (→ Gottes schönste Namen). Schließlich lautet der charakteristische Gruß der islamischen Gemeinde „Salam alaikum": „Friede sei mit Euch" (→ Redewendungen).

2.4 Das ganzheitliche Menschenbild (→ Menschenbild)

Aufgrund des ganzheitlichen Menschenbildes verweist der Islam die Regelung der Gewalt nicht in den staatlichen Bereich, sondern begrenzt die Aggression der Gläubigen durch religiöse Bestimmungen. Koran 2,190: „Und kämpft um Gottes willen gegen diejenigen, die euch bekämpfen. Aber begeht keine Übertretung." In der Tat bindet der Islam die Kriegführung an Bedingungen, die vor allem auch den Schutz der nicht am Kampf Beteiligten gewährleisten sollen. Der Islam berücksichtigt den ganzen Menschen, auch mit seinen negativen und gewalttätigen Anlagen.

3. Außerreligiöse Phänomene, die Gewalt fördern können:

3.1 Gruppennarzismus

Viele Staaten des Nahen Ostens haben als Gegenreaktion auf die Kolonialzeit (→ Kolonialismus) verständlicherweise einen ausgeprägten Nationalstolz entwickelt. Diese besondere Hervorhebung der eigenen Kultur und Geschichte wird erst dann problematisch, wenn sie sich zu einem übersteigerten Selbstgerechtigkeitsgefühl entwickelt und mit Ethnozentrismus und Fremdenhaß verbunden ist. Dieses krankhaft übersteigerte Selbstbewußtsein einer Gruppe oder Nation, das die Psychologen „Gruppennarzismus" nennen, dient nicht selten zur Ausgleichung von Mängeln. Besonders die sozial Schwächeren schöpfen aus dieser Verherrlichung ihrer Kultur ein Selbstwertgefühl, das ihre unerfüllten materiellen Bedürfnisse kompensiert. Sie vergessen die eigene niedrige Stellung leichter, wenn sie als Mitglied einer bedeutenden Nation an ihrem Ruhm Anteil haben dürfen. Wird der Gegenstand des Stolzes durch Kritik von außen beeinträchtigt, begünstigt dies eine aggressive Verteidigungsbereitschaft.

3.2 Die Funktion von „Sündenböcken"

Typisch und nicht nur auf die islamischen Länder beschränkt ist ferner, die Schuld an wirtschaftlichen, sozialen und anderen Problemen auf bestimmte „Sündenböcke" zu lenken. Beliebte Sündenböcke im Nahen Osten sind: Zionisten, die ehemaligen Kolonialmächte, Vertreter des heutigen Imperialismus. Die Empörung über innenpolitische Mißstände wird dabei auf auswärtige Ziele gelenkt. Dies trägt zur Fanatisierung der Massen bei. Man sollte gerechterweise die Ursachen nicht allein im Islam suchen.

3.3 Der „Ehrbegriff"

Das ausgeprägte Ehrgefühl, das viele Orientalen besonders in bezug auf ihre weiblichen Familienmitglieder zeigen, wird zwar teiweise durch die Religion verstärkt, ist aber andererseits gesellschaftsbedingt. Insbesondere für die südlichen Agrarregionen der Mittelmeeranrainerstaaten kann von einer sehr weitgehenden Übereinstimmung der Deutungsmuster und Handlungsorientierungen gesprochen werden. Auf alle Fälle handelt es sich bei der Bereitschaft, die Familienehre notfalls mit Gewalt zu verteidigen, um keine islamische Besonderheit.

4. Außerreligiöse Phänomene, die Gewaltlosigkeit fördern können:

4.1 Solidarität

In den islamischen Staaten spielt der Gedanke der Brüderlichkeit und Zusammengehörigkeit (→ Umma) eine besondere Rolle. Heute haben solche

Vorstellungen ungeachtet ihrer religiösen Bedeutung auch eine Säkularisierung erfahren. Sie werden auf die Zugehörigkeit zu anderen arabischen und afrikanischen Staaten oder auf Entwicklungsländer bezogen. Es ist denkbar, daß sich dieses Solidaritätsbewußtsein zu einem intensiveren Bemühen zur Lösung gemeinsamer Weltprobleme entwickelt.

4.2 Gastfreundschaft

Die strenge Ehrauffassung, die es für das Familienoberhaupt und die anderen Familienmitglieder (→ Familie) zur Pflicht macht, einem Fremden Zuflucht zu gewähren, hat friedenstiftende und lebenserhaltende Funktionen.

GLAUBENSBEKENNTNIS

Das islamische Glaubensbekenntnis enthält fünf (oder sechs) Artikel:

- Glaube an den einen und einzigen Gott (→ Gott);
- Glaube an Gottes Engel (→ Engel);
- Glaube an die Bücher Gottes (→ Schriftbesitzer);
- Glaube an die Gesandten Gottes (→ Propheten und Gesandte);
- Glaube an den Jüngsten Tag (→ Paradies).

Die Sunniten fügen noch den Glauben an die Vorherbestimmung (→ Vorherbestimmung) hinzu.

GLAUBENSZEUGNIS

Die „Schahada" (wörtl. das Zeugnis) lautet folgendermaßen: „Ich bezeuge, daß es keine Gottheit gibt außer dem Gott (→ Gott). Ich bezeuge, daß Mohammed (→ Mohammed) der Gesandte (→ Propheten und Gesandte) des Gottes ist." Der Islam kennt keine dem Christentum vergleichbare Taufe zur Mitgliedschaft in der Gemeinde (→ Umma). Daher darf sich jeder als Muslim betrachten, der diese Worte in bewußter und aufrichtiger Absicht vor Zeugen (deren Anzahl unterscheidet sich bei den Rechtsschulen) ausspricht. Damit bezeugt er seine Zugehörigkeit zur islamischen Gemeinschaft, in deren Mittelpunkt der Glaube an die Einheit und Einzigkeit Gottes steht. Ein Muslim, der diese zentrale Aussage nicht mehr für verpflichtend hält, gilt als aus dem Islam ausgestoßen – ein Vergehen, das früher (und nach Ansicht einiger Kreise auch heute noch) mit dem Tode bestraft wurde bzw. wird.

GOTT

Wenn Juden, Christen und Muslime von Gott sprechen, werden große Gemeinsamkeiten, aber auch Unterschiede deutlich: Alle drei sehen den lebendigen Gott als Schöpfer von Himmel und Erde, loben ihn als ihren Erhalter, preisen ihn als Herrn der Geschichte und zukünftigen Weltenrichter (→ Paradies). Der eine und einzige, personale Gott wird im Islam als „lebendiger Gott" gesehen, der die Welt geschaffen hat, sie einem Ziel zuführt, in und an ihr handelt, und mit dem der Mensch in einen Dialog treten kann. Dieser Gott meint es gut mit seinen Geschöpfen. Man sollte nicht den angeblich fernen „Allah", den auch arabische Christen so nennen, mit dem nahen Gott des Christentums kontrastieren. Einerseits ist Gott nach dem Koran (→ Koran) „dem Menschen näher als dessen eigene Halsschlagader". Anderseits sind seine Erhabenheit und Ferne für Gott kein Hinderungsgrund, eine besonders enge, auf dem Prinzip der „Rahma", der Barmherzigkeit, beruhende Beziehung zum Menschen (→ Menschenbild) aufzubauen.

Eine Besonderheit des christlichen Gottesbildes, die heutzutage vor allem von Theologinnen kritisiert wird, ist die Vorstellung von Gott als „liebendem Vater", mit dem man enge Gemeinschaft haben kann. Gott als „unseren" oder „meinen" Vater anzureden gehört allerdings zu den Urphänomenen der Religionsgeschichte. Die Tatsache, daß in der Predigt Jesu (→ Jesus) die Rede von der rettenden Nähe des Vatergottes unüberhörbar im Zentrum steht, scheint auf einen deutlichen Unterschied zum Islam aufmerksam zu machen. Dieser versteht Gott tatsächlich nicht als „Vater". Gott ist im Koran der „Herr/Lehrer" (Rabb), der Mensch sein „Diener". Aber kein Sklave, der im Staub vor einem Despoten liegt, sondern jemand, der sich von der Nähe Gottes umsorgt weiß. In islamischen Überlieferungen heißt es: Dieser Herr ist trotz seiner Macht „milder und barmherziger als hundert Väter und Mütter". Der Ausdruck „Vater" wird im Islam meist in einem physischen Sinne verstanden. Wenn Gott „Vater" sein soll, dann muß er eine „Frau" haben. Angesichts des altarabischen Polytheismus mit seinen Göttern und Göttinnen erscheint die Verweigerung der Vater-Anrede durchaus konsequent.

Gott wird von Christen als der „schenkende Gott" erfahren. Man nennt ihn auch gern den „lieben" Gott, den allerdings schon Rudolf Otto in seinem epochemachenden Werk „Das Heilige" (1917) so „gemütlich" fand. Nach dem Vorverständnis vieler Christen ist der Gott des Islam ein Gott der

Willkür und Prädestination (→ Vorherbestimmung), ein Gott, der fordert, oder – wie der Evangelische Erwachsenenkatechismus einmal formulierte – der „unbewegte, einsame Gott". Eine solche Charakterisierung des islamischen Gottes entspricht weder koranischer noch heutiger islamischer Glaubenserfahrung. Überwältigend oft ist im Koran – mehr als 700mal – von Gottes „Rahma/Barmherzigkeit" die Rede, wird Gott als der „barmherzige Erbarmer" erfahren. Jede Sure, mit Ausnahme der neunten, beginnt mit der Formel: „Im Namen des barmherzigen Erbarmers". Gottes Barmherzigkeit, die weibliche Rahma, ist das großzügige Angebot Gottes an die von ihm geschaffenen und umsorgten Menschen. Nach islamischem Verständnis ist Religion niemals als menschlicher Versuch zu bewerten, sich aus eigener Kraft zu Gott aufzuschwingen: von unten nach oben. Sondern sie geht von Gott aus. Wichtige Hinweise auf die göttliche Barmherzigkeit sind die Schöpfung und die wohltätige Ordnung der Natur. Sodann die vielerlei „Zeichen" (→ Ayatollah), die von verständigen Menschen in ihrer symbolischen Beziehung zu Gott entschlüsselt werden. Die Sendung der Propheten (→ Propheten und Gesandte) versteht der Islam als weiteren Erweis der grundlosen Barmherzigkeit Gottes. Das größte Ereignis des göttlichen Angebots an die Menschen aber ist der Koran. Kein Gesetzbuch, kein BGB, sondern, wie der japanische Islamwissenschaftler Toshihiko Izutsu einmal schrieb: „ein gewaltiger Hymnus zu Ehren der göttlichen Schöpfung". In der „lailat al-qadr", der „Nacht der Bestimmung" (→ Nacht der Bestimmung), die im Monat Ramadan (→ Fasten) feierlich begangen wird, entläßt der barmherzige Gott sein heiliges Wort aus der Präexistenz heraus zur „Rechtleitung" der Menschen. Das Wunder der heiligen Nacht ist von Heil und Frieden begleitet. Ob sich der Vergleich ziehen läßt: So wie die Engel auf den Fluren Bethlehems bei der Geburt Jesu den Frieden verkündeten, so erfahren auch die Muslime ihre heilige Nacht als ein Ereignis, das zum Frieden anstiften soll.

„Im Namen des barmherzigen Erbarmers.
Wir haben ihn in der Nacht der Macht hinabgesandt.
Aber wie kannst du wissen, was die Nacht der Macht ist?
Die Nacht der Macht ist besser als tausend Monate.
Die Engel und der Geist kommen in ihr mit der Erlaubnis ihres Herrn hinab.
Sie ist voller Heil und Segen, bis die Morgenröte sichtbar wird" (Sure 97).

Die Gegenüberstellung von „forderndem" und „schenkendem" Gott, von Gesetz und Evangelium, setzt einen paulinischen Interpretationsrahmen,

der dem Islam nicht gerecht wird und schiefe Alternativen aufbaut. Gesetzesreligionen sind nach protestantischem Verständnis solche, die göttlichen Lohn auf Grund von Leistung versprechen. Sie treiben den Menschen damit in eine ausweglose Lage; denn vor Gott kann niemand aufgrund eigener Verdienstlichkeit gerecht werden. Sie lassen den Menschen „ichsüchtig" (Gustav Mensching) um sich selbst kreisen. Es geht ihnen nicht um Gott, sondern um den Menschen und seine Gerechtigkeit durch gute Werke. Schon das Tunwollen wird in dieser Sicht als Symptom für die Verwerflichkeit vor Gott gewertet. Das Gesetz gilt als eine Größe, die schwer zu erfüllen ist und das ganze Leben mit einem Netz peinlich einzuhaltender Bestimmungen umspannt, den Menschen einengt und unfrei macht.
Wer die islamische Glaubenspraxis, diese Lust am korrekten, geordneten Handeln, ausschließlich aus dem Blickwinkel von Werkgerechtigkeit, Gesetzlichkeit usw. betrachtet, mißdeutet sie, erkennt nicht ihre Intentionen, die „innere Dimension" dieser Frömmigkeitsform.
Für den Christen hat Gott aus Liebe zu den Menschen in dem historischen Jesus von Nazareth seine Transzendenz durchbrochen und sich der menschlichen Beschränkung unterworfen. Gott ist für den Islam der „ganz Andere" (Rudolf Otto): „Ihm gleicht nichts" (42,11), sagt der Koran und richtet damit die Grenze zwischen Gott und Mensch unüberwindlich auf: Gott und Mensch stehen einander als Schöpfer und Geschöpf gegenüber. Nach islamischer Auffassung wird von Gott in der Metaphorik von Größe, Herrschaft, Erhabenheit gesprochen – nicht aber in der Symbolik von Schwäche und Erniedrigung. Und dennoch: Dieser große, mächtige, heilig-erhabene Allah ist seinen Geschöpfen ganz nahe, umsorgt sie mit seiner Rahma.

GOTTES SCHÖNSTE NAMEN

Die wichtigsten Eigenschaften Gottes sind in der islamischen Tradition auf die Formel der „100 schönsten Namen Gottes" gebracht worden. Gottes Barmherzigkeit (Rahma, → Gott) und Güte werden u.a. durch folgende „Namen" ausgedrückt:
Der Erbarmer
Der Barmherzige, der Gnädige
Der große Verzeiher
Der stets Verzeihende
Der (Sünden) Vergebende
Der die Reue Annehmende

Der Liebe- und Erbarmungsvolle
Der Liebevolle
Der Verleiher, der Gewährer
Der Ernährer
Der Freigebige, Der Gütige
Der Erhörende
Der Nachsichtige
Der Eröffnende
Der Wohltätige
Der (Güte) Gewährende
Der Frieden
Der fürsorgliche Freund
Der Helfer
Der Geduldige
Der Gunstverleiher
Der allumfassend Wohltätige
Der Versorger
Der Rechtleitende
Der Wohltäter
Der Genügende
Der Verleiher der Sicherheit

Gottes Schöpfertätigkeit wird in den folgenden Namen deutlich:
Der Schöpfer (zwei verschiedene arabische Ausdrücke)
Der Gestalter
Der Former
Der Urheber der Schöpfung
Der Wiederholer der Schöpfung
Der Lebensgewährer
Der Lebennehmende

Gottes Gerechtigkeit wird durch folgende Namen ausgedrückt:
Der Gerechte
Der gerecht Handelnde
Der Wahre
Der schlichtende Richter
Der vertrauenswürdige Sachwalter
Der den Ungerechten der Gerechtigkeit Unterwerfende

Der Zeuge
Der Rechner

Die übrigen „schönsten Namen“ sind im Überschneidungsbereich von Barmherzigkeit, Schöpfermacht und Gerechtigkeit angesiedelt:
Der Beschützer
Der Höchste
Der Verleiher von Macht und Ehre
Der Nehmer von Macht und Ehre

Wieder andere „Namen“ beschreiben die göttlichen Qualitäten so:
Der Lebendige
Der Beständige
Der Einzige
Der Einzigartige
Das Licht
Der Heilige
Der mit seiner Macht alles Umfassende
Der Mächtige
Der Stolze
Der Erhabene
Der Glorreiche
Der Große
Der Erhabene
Der Unfaßbare

Andere „Namen“ beschreiben die notwendigen Voraussetzungen für die göttliche Aktivität:
Der Wissende
Der Weise
Der überall Bescheid Wissende
Der Wachsame
Der mit seinem Wissen alles Erfassende
Der Starke
Der Erste
Der Letzte
Der Rechtliche
Der Erbe
Der Überlebende

HADITH

Hadithe („Mitteilungen") sind Entscheidungen, Handlungen und Aussagen Mohammeds (→ Mohammed) und anderer frühislamischer Autoritäten. Wenn eine Handlungsweise gerechtfertigt werden soll, ziehen Muslime einen Hadith heran. Abgesehen von Hadithen über vorbildliche Handlungen und Belehrungen des Propheten gibt es auch solche über die Handlungen von Zeitgenossen Mohammeds und der nächsten Generation, von denen vorausgesetzt wird, daß der Prophet (→ Propheten und Gesandte) sie gutgeheißen hätte. Hadithe können rechtliche Anweisungen, Empfehlungen oder auch einfach Polemiken enthalten. Es gibt zahlreiche Hadithsammlungen, deren Einzelüberlieferungen in ihrer Glaubwürdigkeit variieren.
Formal besteht ein Hadith aus der „Überliefererkette" und dem eigentlichen „Text". Die Überliefererkette setzt sich aus einer Reihe von Autoritäten zusammen, von denen die letzte ein Augenzeuge oder Teilnehmer des Ereignisses gewesen sein muß. Die Muslime selbst beschäftigen sich intensiv mit der Frage, ob eine Überlieferung verläßlich (sahih: „gesund") ist oder nicht. Dabei legen sie den Schwerpunkt ihrer Fragestellung darauf, ob die Glieder der Gewährspersonen sich gegenseitig gekannt haben konnten und ob sie überhaupt verläßliche Personen waren. Im 3. Jahrhundert wurden umfangreiche Traditionssammlungen zusammengestellt, die die im Umlauf befindlichen Überlieferungen nach einer genauen Prüfung beträchtlich reduzierten. Im allgemeinen gelten die Sammlungen von sechs Sammlern (al-Bukhari, at-Tirmidhi, Abu Daud, Muslim, Ibn Maja, Ibn Hanbal) als „gesund" und konnten in der Folgezeit neben Koran (→ Koran) und Sunna zu Rate gezogen werden. Die Schiiten (→ Schiiten) besitzen ihre eigenen Hadithsammlungen. Da der muslimische Historiker (→ Geschichtsverständnis) eher Sammler als Verarbeiter seiner Quellen ist, findet man zu einem Problem oft mehrere, zum Teil widersprüchliche Versionen aneinandergereiht, die jeweils durch verschiedene Überliefererketten belegt sind.

HEILIGE

Der Islam hat kein Wort, das genau mit „Heilige" wiedergeben werden kann. Es gibt aber verschiedene „Typen religiöser Autorität" (J. Wach), die unserem „Heiligen" nahekommen oder einigermaßen entsprechen. Der Wali („der unter speziellem Schutz Stehende"), der „Freund", bezeichnet

in der islamischen Mystik den idealen Gläubigen, der durch Frömmigkeit und ständige Hingabe an den barmherzigen Gott (→ Gott) dessen Nähe gefunden hat. Von Gott erhält er die „Wilaya“ (Heiligkeit, Freundschaft, Bund) sowie das Recht zur Fürsprache. In der himmlischen Welt gibt es eine Hierarchie solcher Heiligen mit dem Zentrum des „Qutb“ (Pol, Achse). Der (mystisch beeinflußte) Volksglaube verehrt die Heiligen vor allem wegen ihrer Wunderkräfte, die „Karamat“ (Charismata, Gnadengaben) genannt und von den „Prophetenwundern“ unterschieden werden. Beinahe jede Ortschaft Pakistans zum Beispiel besitzt einen oder mehrere Schreine, die über dem Grab eines Mystikers oder besonders Frommen errichtet wurden. Im Volksglauben nicht nur des Islam verwischen sich die feinen theologischen Unterschiede zwischen Verehrung und handfester Anbetung um diverser Vorteile willen. Schon das Berühren von Gegenständen des Heiligen, ja das Verzehren mit „Barakat“ (Segensmacht) getränkter Erde seines Grabes, besitzt magische Heilwirkung.
Ein weiterer Typus des Heiligen ist der „Imam“ (→ Imam), der bei den Schiiten (→ Schiiten) als vollkommener, von Gott erwählter Mensch gilt, beauftragt damit, Gerechtigkeit und Humanität zu bringen, gegen Unterdrückung und Gewalt einzuschreiten. Ausschließlich im iranischen Raum kennt man den „Imamzade“. Dieser Ehrentitel bezeichnet u.a. Kinder oder Enkelkinder eines der zwölf schiitischen Imame, die als Heilige gelten und an besonderen Heiligtümern verehrt werden.

HENNA

Henna (arab. Hinna; türk. Kina) ist ein bekanntes Arznei- und Färbungsmittel. Aus weißen Blüten, deren Pflanze hauptsächlich in Nordafrika, Ägypten, Iran und Indien angepflanzt wird, werden Essenzen und Öle gewonnen. Aus den getrockneten Blättern gewinnt man ein Pulver, das im Orient allgemein zur orangenroten Färbung von Finger- und Zehennägeln sowie Hand- und Fußflächen der Frau dient. Bei Hochzeitsfeiern (→ Hochzeit) in der Türkei zum Beispiel werden Finger und Zehen der Braut einen Tag vor der Hochzeit mit Henna gefärbt. Möglicherweise ist der Grund für dieses Einfärben der Schutz gegen den „bösen Blick“ (→ Blick, böser). Darüber hinaus wird Henna zum Schminken und zum Kennzeichnen von Opfertieren verwandt.

HOCHZEIT

Die Hochzeit ist ein wichtiges Ereignis vor allem im Leben einer Frau (→ Frau), bei der sie aus ihrer Herkunftsfamilie (→ Familie) in die Familie des Bräutigams überwechselt. Der erste Abend der Hochzeitsfeier heißt „Hennabend“ (→ Henna). Hierbei wird eine Hand der Braut mit Henna rot gefärbt. Die Braut verbringt diesen Abend zusammen mit weiblichen Gästen im Hause ihrer Eltern. Dabei eröffnen die Braut und die Schwester des Bräutigams den Tanz (görümce). Die Männer feiern getrennt mit dem Bräutigam. Am folgenden Tag wird die Feier fortgesetzt. Gegen Abend ziehen Frauen und Männer zusammen mit der Braut ins Haus des Bräutigams. Dann wird von einem männlichen Mitglied der Familie des Bräutigams ein rotes Band zerschnitten, mit dem der Brautvater zuvor die Braut gebunden hat. Die Braut begrüßt die Familie des Bräutigams, und die Feier wird in dessen Haus fortgesetzt, wobei jedoch Frauen und Männer wieder getrennt feiern. Am dritten Tag schließlich wird die gesetzliche Trauung vor einer staatlichen Behörde vollzogen. In manchen Gegenden verlaufen Einzelheiten der Feier ein wenig anders. Auch schwindet die strenge Geschlechtertrennung dort, wo westlich-europäischer Einfluß Oberhand gewonnen hat.

HODSCHA

Türkische Bezeichnung für einen an einer „Medrese“ (Schule) ausgebildeten Geistlichen. Auch Religionslehrer werden so genannt.

HOMOSEXUALITÄT

Sexuelle Beziehungen zwischen Angehörigen des gleichen Geschlechts werden vom Islam weitgehend verurteilt. Dennoch war und ist Homosexualität im Orient aufgrund der strengen Geschlechtertrennung allem Anschein nach häufiger als bei uns. Junge Männer ärmerer Herkunft müssen zudem oft lange warten, bis sie den Brautpreis für die Ehe (→ Ehe) bezahlen können.

Homosexualität oder lesbische Liebe ist nach islamischem Verständnis heutzutage keine anerkannte Alternative oder gar eine der zwischengeschlechtlichen Liebe gleichwertige Beziehung. Gerade im Zusammenhang mit der Re-Islamisierung (→ Re-Islamisierung) hört man bisweilen von strengen Sanktionen, die bis zur Todesstrafe reichen. Hierbei ist zu berücksichtigen, daß die gesellschaftlichen Rechte im Islam zur Kategorie Schöpfer-Geschöpf gehören. Als Verletzung dieses „göttlichen Rechts" (→ Strafrecht) gelten nach islamischer Aufffassung auch solche Delikte, die auf Dauer eine gesunde Gesellschaft zerstören können: Alkohol- und Drogenmißbrauch, Ehebruch, Homosexualität und Abfall vom Islam. In solchen Fällen obliegt es dem islamischen Staat oder der Justiz, im Namen Gottes (→ Gott) die Bestrafung vorzunehmen. Unser abendländisches Rechtsempfinden, das heute eher geneigt ist, auch Homosexualität wenn nicht als gleichwertige, aber dennoch mögliche Form sexueller Selbstverwirklichung anzusehen, empfindet angesichts solcher Sanktionen Befremden, zumal es in einigen islamischen Ländern ja gerade die gesellschaftlichen Umstände sind, die homosexuelle Aktivitäten nicht aus Neigung, sondern ale Ergebnis einer Notsituation entstehen lassen.

IMAM

Imam kann mehrere Bedeutungen haben. Bei den Sunniten ist der Imam der Vorbeter beim rituellen Gemeinschaftsgebet (→ Gebet, rituelles). Er ist ein religiöser Beamter wie der „Khatib" (Prediger beim Freitagsgottesdienst), „Qadi" (Richter), „Muallim (Lehrer an einer Koranschule" (→ Koran) oder der „Mufti" (→ Mufti). Imam kann auch das geistige Oberhaupt von Richtungen oder Schulen sein. In der Schia (→ Schiiten) entspricht er dem sunnitischen Kalifen (→ Kalifat) als oberster Leiter der Gemeinde. Der Imam bei den Schitten muß Nachkomme Alis (→ Ali) sein.

ISLAM

Das Wort „Islam" leitet sich vom IV. Stamm der Wurzel „s-l-m" ab, welche „heil sein, ganz sein, unversehrt sein" bedeutet. Das zugrundeliegende Verb „aslama" bedeutet „sich hingeben, sich Gott ergeben, den Islam annehmen". Die Anhänger des Islam heißen weder „Mohammedaner" noch „Islamiten" oder „Muselmanen", sondern Muslime bzw. Moslems. Wie man am Konsonantenbestand (s-l-m) unschwer feststellen kann, stammen beide Begriffe von derselben Wurzel ab. Das aus der arabischen Sprache abgeleitete Wort „Muslim" ist die Partizipialform von „aslama" und bedeutet daher „derjenige, der sich Gott hingibt". Das Wort „Moslem" bedeutet dasselbe, ist sprachlich nur aus dem Persischen abgeleitet.

Das hauptsächliche Wesensmerkmal des Islam ist sein klassischer Glaube an die Einheit und Einzigkeit Gottes (arab. Tauhid). Muslim ist derjenige, der sich aus freien Stücken diesem einzigen Gott (→ Gott), der es gut mit ihm meint, anvertraut. Um in allen Nuancierungen zu begreifen, was Islam den Muslimen bedeutet, sind unterschiedliche Bedeutungsebenen des Wortes Islam voneinander zu unterscheiden, die vom Muslim als Einheit verstanden werden. Islam ist – zunächst einmal – wie Buddhismus, Hinduismus, Konfuzianismus, Christentum usw. die Bezeichnung für eine konkrete Religionsgemeinschaft mit bestimmter Geschichte, Ausbreitung, Strukturen usw. Darüber hinaus bedeutet Islam das von Herzen kommende Praktizieren der religiösen Pflichten, die allen Gläubigen auferlegt sind. Schließlich bedeutet Islam die eine und wahre, ewige, d.h. von der Schöpfung (→ Adam; → Menschenbild) an existierende Menschheitsreligion. Sure 7,172 enthält den grundlegenden Gedanken der universalen Ur-Offenbarung Gottes: „Und damals als dein Herr aus der Lende der Kinder Adams deren Nachkommenschaft nahm und sie gegen sich selber zeugen ließ! Er sagte: Bin ich nicht euer Herr? Sie sagten: Jawohl, wir bezeugen es.“
Wie in den Schöpfungserzählungen vieler Religionen (vgl. auch Genesis) ist in diesem Text von einem Uranfang die Rede („Damals“, „Im Anfang...“). Gott offenbart sich allen Menschen und fordert ihnen das Zeugnis von seiner Einheit ab. Der Inhalt der Uroffenbarung ist also der reine Monotheismus, der als „natürliche Religion“ unterschiedslos allen Menschen eingepflanzt ist, gleich welcher Rasse, Hautfarbe, Kultur, Sprache und Religion sie angehören. Das tagtäglich ausgesprochene Glaubenszeugnis (→ Glaubenszeugnis) des Muslims verbindet die aktuelle Gegenwart mit dieser mythischen Urzeit. Nach islamischer Vorstellung hat Gott einen „großen Bund“ mit allen Menschen (nicht nur mit einzelnen oder bevorzugten Völkern) geschlossen. Viele Muslime bringen Islam mit einem anderen Wort desselben Wortstammes zusammen, nämlich Salam, was Frieden (vgl. hebräisch Schalom) bedeutet.

ISLAM, christliche / abendländische Sicht

Die Gestalt des Propheten (→ Mohammed; → Propheten und Gesandte) war von Anfang an Gegenstand schärfster christlicher Polemik. Man zweifelte seine Offenbarungen an, unterstellte ihm, unwissend und gewalttätig, ja ein Sklave ungezügelter Sinnlichkeit gewesen zu sein. Johannes Damascenus (gestorben um 750) bezeichnete Mohammed als falschen Propheten, der seine Frömmigkeit nur heuchelte und zu Unrecht behauptete, daß ihm der Koran (→ Koran) vom Himmel herabgesandt worden wäre. Insbesondere die Tatsache, daß Mohammed nach dem Tode seiner ersten Frau Chadidscha mit mehreren Frauen verheiratet war, nahm man gern zum Anlaß, ihm sexuelle Ausschweifungen vorzuwerfen. Die mittelalterliche Islamauffassung war durchweg negativ. Dagegen war der Abt von Cluny, Petrus Venerabilis (1092/94-1156), einer der ersten Theologen, die sich ernsthaft mit dem Islam auseinandersetzten. Auch während der Kreuzzüge, die in Europa mit einer Bewegung religiöser Erneuerung verbunden waren, wurden die alten Vorurteile wiederbelebt: Das Abendland wurde mit dem Christentum identifiziert; die eigene Religion stand der teuflischen Häresie des Islam gegenüber. Der Islam galt als Verdrehung der Wahrheit, während sich das Christentum an die menschliche Vernunft wandte. Der Islam war die Religion des Schwertes, das Christentum die Religion des Friedens. Islam war gleichbedeutend mit Genußsucht, das Christentum jedoch eine Religion der Entbehrung.

Martin Luthers Bild von Mohammed und dem Islam wurde wesentlich durch die Türkenkriege geprägt. Der Reformator sah bei den Türken – er sprach nie vom Islam – zwar manche positiven Züge, wie zum Beispiel wahren Glaubenseifer und die Integrität der Geistlichen. Anderseits kritisierte er aber scharf ihren angeblichen Fanatismus, sprach von ihnen als wahren Teufeln. Mohammed war für ihn der personifizierte Antichrist: „Und ist an Statt Christi nichts mehr denn Mahomet mit seiner Lehre von den eigenen Werken und sonderlich vom Schwert: das ist das Hauptstück des türkischen Glaubens, darin auf einem Haufen alle Greuel, alle Irrtum, alle Teufel liegen.“

Das Verhältnis der protestantischen Orthodoxie zum Islam im ausgehenden 16./17. Jahrhundert war durch keine grundsätzlich neuen Einsichten geprägt. Insbesondere durch die „Türkenpredigten“ verfestigten sich alle Klischeevorstellungen. Die Entdeckungsreisen und die im 17. Jahrhundert in die fernsten Erdteile vordringenden christlichen Missionare brachten die Welt fremder Religionen in das Blickfeld des Abendlandes. Dieses neugewonnene Wissen motivierte zum Vergleich der verschiedenen Religionen und führte zur Erkenntnis von Parallelen zum eigenen Glauben. Das Christentum wurde so in die allgemeine Religionsgeschichte eingebettet. Die Toleranzidee erfuhr eine entscheidende Förderung.

Gotthold Ephraim Lessing verdeutlichte diese Toleranzforderung in der Ringparabel in „Nathan der Weise“ (1779): Von den drei durch die Ringe symbolisierten Religionen (Judentum, Christentum Islam) ist für ihn keine absolut wahr. Jede einzelne ist jedoch in der Lage, „vor Gott angenehm zu machen“. In diesen drei monotheistischen Religionen sei Gottes Offenbarung gegenwärtig und zu respektieren.

In der anregenden Atmosphäre der Aufklärung – insbesondere in Frankreich – wurde der islamische Orient neu entdeckt. Der auftretende Rationalismus begünstigte Versuche, den Islam und seinen Propheten objektiver zu beurteilen. Man erkannte in Mohammed den klugen Gesetzgeber, den kühnen Reformer sowie den Verkünder eines Glaubens, der zu seiner Zeit immerhin als ein möglicher Weg neben den beiden anderen monotheistischen Religionen angesehen werden konnte. Man billigte ihm sogar Eigenständigkeit zu, die den anderen allmählich verlorengegangen war. Es entstanden neue Mohammedbiographien und Koranübersetzungen. Obgleich viele aufgeklärte Intellektuelle den Propheten zumeist positiv betrachteten, gab es andere, wie zum Beispiel Voltaire, dessen „Mahomet“ viele alte Irrtümer und Klischees enthält und von verächtlichem Spott getragen ist.

Auch manche Romantiker fanden den Islam attraktiv. Sie hofften, im Orient neue Werte und eine unberührte, reine Gedankenwelt zu finden. Das Konzept des „idealen Menschen“ wurde in Frankreich von Rousseau und später in Deutschland von Goethe vertreten. In seinem „Mahomet“ und später im „Westöstlichen Diwan“ wandte er sich der für viele bis dahin verschlossenen Welt des Orients zu. In dem bemerkenswerten Aufsatz des katholischen Kirchenhistorikers Johann Adam Möhler „Über das Verhältnis des Islams zum Evangelium“ (1830) findet sich eine zugleich kritische und aufgeschlossene Darstellung des Islam. Möhler würdigte Mohammed und deutete den Koran als eine heilige Schrift, „in welcher uns häufig eine originelle Pietät, eine rührende Andacht und eine ganz eigentümliche religiöse Poesie entgegentritt“.

Eine positive Würdigung Mohammeds findet sich auch in den Vorlesungen des englischen Literaten Thomas Carlyle „On Heroes and Heroe-Worship and the Heroic in History“ (Über Helden und Heldenverehrung und das Heldische in der Geschichte) aus dem Jahre 1841. Geschichte wird hier als das Wirken großer Männer aufgefaßt, und Carlyle beschreibt die verschiedenen Aspekte des Helden, der als Gott, Prophet (Mahomet) und Dichter, als Priester, Literat und König in der Geschichte auftritt. Carlyle würdigt den islamischen Propheten als Verkünder eines Glaubens, der ganze Völker in Bewegung setzte.

In der zweiten Hälfte des 19. Jahrhunderts entwickelte sich die Islamwissenschaft zunehmend zu einem eigenen wissenschaftlichen Fach. Herausragende Orientalisten jener Zeit waren Noeldeke, Wüstenfeld, Weil, Sprenger, Goldziher, Hirschfeld, Lammens. Der belgische Jesuitenpater Henri Lammens, ein maßgeblicher Vertreter der katholischen Islamforschung, diffamierte noch 1910 Mohammed: „Gerade er, der berühmte Faulpelz, wagte es zu behaupten, daß er oft einen großen Teil der Nacht im Gebet verbrachte! (...) Mohammed, jener Bourgeois, verwöhnt und nach Bequemlichkeit trachtend, feige und gewalttätig, Kaufmann, der zu jedem Lug und Trug bereit war, der Meuchelmörder organisierte und leitete."
Hubert Grimme deutete in seinem „Mohammed" (1892-1895) den Propheten als Sozialreformer, der die zahlreichen religiösen und sozialen Mißstände seiner Vaterstadt Mekka (→ Mekka) beseitigen wollte. Deshalb habe Mohammed den Reichen mit dem Jüngsten Gericht (→ Paradies) gedroht und die Pflichtabgabe (→ Zakat) für die Armen verlangt. In der Forschung wurde insbesondere auch die Frage nach den jüdisch-christlichen Einflüssen und damit nach der Eigenständigkeit des Islam diskutiert. Ein wichtiger Beitrag ist Johannes Fücks Aufsatz „Die Originalität des Propheten" (1936), in dem trotz der im Koran selbst anerkannten Berührungspunkte zwischen den drei Religionen diese dennoch nicht als Beweis für eine unmittelbare Abhängigkeit gesehen werden. Statt dessen hebt Fück das Schöpferische und Eigenständige in Mohammeds Botschaft hervor. Der Islamwissenschaftler Montgomery Watt schilderte in seinem Werk „Muhammad, Prophet and Statesman" (1961) den islamischen Propheten sowohl als Begründer eines Glaubens wie auch als Organisator eines Staates, der in einer Gesellschaft, die vorher keine Staatsvorstellung besaß, eine Religion und einen Staat in unlöslicher Verbindung miteinander schuf. Eine schon klassische und bis heute immer wieder aufgelegte Mohammedbiographie – die allerdings einseitige Wertungen enthält – verfaßte der auch als Koranübersetzer bedeutende Islamwissenschaftler Rudi Paret (1957). Der französische Islamkundler Maxime Rodinson versuchte in seinem „Mohammed" (1975), die Stiftung des Islam individualpsychologisch und sozialgeschichtlich zu deuten: Die Entstehung des Islam zeige, wie die individuellen Bedürfnisse Mohammeds, seine Vatersehnsucht, ihn zu einem allmächtigen Gott führte, er sich gerade als als Waise zum Verteidiger der Unterprivilegierten berufen fühlte und wie die allgemeinen Bedürfnisse der Epoche nach einer einheitlichen arabischen Ideologie verbunden werden.

In neuerer Zeit hat man sich auch in den beiden großen Kirchen um einen Dialog mit dem Islam und eine Aufarbeitung von Vorurteilen, Fehlern und Mißverständnissen der Vergangenheit bemüht. Für das Gespräch des Katholizismus mit dem Islam stellt das Zweite Vatikanum (1962-1965) die entscheidende Wende dar. Seit 1964 existiert das von Papst Paul VI. gegründete „Sekretariat für die Nichtchristen", von wo aus mehrere katholisch-islamische Dialogveranstaltungen organisiert wurden. In der dogmatischen Konstitution „Lumen Gentium" (Licht der Völker), feierlich am 21. 11. 1964 verkündet, werden Richtlinien für die pastorale Arbeit erteilt, wobei dem Islam ein Platz in der Heilsgeschichte zugewiesen wird. „Nostra Aetate" (In unserem Zeitalter) ist eine Erklärung über das Verhältnis der Kirche zu den nichtchristlichen Religionen generell. Betont werden der gemeinsame Glaube an den einen und einzigen Gott, die gemeinsame Erwartung von Auferstehung und Jüngstem Gericht (→ Paradies), der Hinweis auf Abraham (→ Abraham) und Maria (→ Maria). Von den „fünf Säulen" (→ Fünf Säulen) nennt das Dokument nur drei: „Gebet, Almosen und Fasten". Über die für Muslime so große Bedeutung Mohammeds schweigt sich der Text dagegen aus.
Papst Johannes Paul II. hat sich auf vielen Reisen positiv zum katholisch-islamischen Dialog geäußert und ist bestrebt, „die geistlichen Bande zwischen Christen und Muslimen entwickeln zu helfen". Mehrere Male hat Johannes Paul II. auf den die drei Religionen verbindenden Patriarchen Abraham hingewiesen. Christen und Muslime als „Knechte Gottes" seien aufgrund ihres Schöpferglaubens wie durch ein „geistiges Band" miteinander verbunden. Darin sieht der Papst eine tragfähige Basis, gemeinsam für Frieden und für Gerechtigkeit zu arbeiten.
Nordafrikanische Katholiken, die von ihrer Minderheitensituation in der Welt allgemein und speziell im nördlichen Afrika ausgehen, setzen bei ihrer dialogischen Haltung nicht bei den Glaubensgemeinsamkeiten an, sondern erkennen viele aus dem Islam stammende Werte an. Schließlich gibt es innerhalb des heutigen Christentums Positionen, die einen Dialog mit dem Islam für unmöglich halten. Dabei handelt sich vor allem um Katholiken, die als Minderheiten (→ Schriftbesitzer) unter islamischer Mehrheit leben und aufgrund mangelnder Gleichberechtigung (→ Re-Islamisierung) und eines (über)betonten islamischen Selbstbewußtseins, zum „besten Volk" zu gehören, skeptisch gegenüber islamischer Dialogwilligkeit eingestellt sind.
Interessant ist eine neue Entwicklung im Dialog der griechisch-orthodoxen

Kirche mit dem schiitischen Islam (→ Schiiten). Ende 1990 fand in der Universität Athen der erste interreligiöse Dialog mit schiitischen Theologen aus dem Iran statt. Die Konferenz ist im Frühjahr 1992 in Thessaloniki fortgesetzt worden.

Im protestantischen Bereich gibt es naturgemäß keine einheitliche Stellungnahme. Das Verhältnis zum Islam, wie auch zu anderen Religionen, wurde lange Zeit durch die dialektische Theologie Karl Barths und seiner Anhänger negativ beeinflußt. Für diese Phase sind etwa folgende Autoren repräsentativ: Samuel M. Zwemer, Martin Schlunk, Emanuel Kellerhals sowie Hendrik Kraemer. Der Islam galt als eine perfektionierte Religion der Werkgerechtigkeit und Selbsterlösung ohne Tiefe und arm an religiösem Gehalt. Seit dem Ende der 50er Jahre ist ein verstärktes Bemühen um Offenheit gegenüber dem Islam im Bereich protestantischer Theologie spürbar geworden. Die Barthsche Aburteilung der Religionen, insbesondere auch des Islam, wurde durch einige Theologen (Holsten, Rosenkranz) abgemildert. „Auch auf die Frage nach den Methoden des missionarischen Zugangs zum Islam gab es spätestens seit ca. 1960 neue Antworten. So wurde zwar von vielen Missionaren und Missionswissenschaftlern auch in der Folgezeit die Meinung vertreten, das einzige Ziel der Begegnung mit den Muslimen sei ihre Bekehrung. Das Spektrum missionsmethodischer Konzeptionen erweiterte sich jedoch gewaltig und reicht inzwischen von der abstrakten Forderung nach Toleranz über das Bemühen um eine legitime Polemik bis hin zur Konstatierung des Endes der Islammission und konkreten Vorschlägen zur Gestaltung des Zusammenlebens von Muslimen und Christen“ (Klaus Hock).

Der „Ökumenische Rat der Kirchen“ schlug 1967 Dialogrichtlinien mit anderen Religionen und Überzeugungen vor. Zu den weiteren Stationen des protestantisch-islamischen Dialogs zählten Cartigny (1969), wo Christen und Muslime gemeinsam Gedanken über Notwendigkeit und Ziele des christlich-islamischen Dialogs formulierten. Die gemeinsame Begegnungsgeschichte, die über weite Strecken mehr eine Geschichte der „Vergegnung“ war, sowie der Einsatz für den Frieden und die Zusammenarbeit im Nahen Osten, waren zentrale Motivationen. Trotz mancher Gemeinsamkeiten im Glauben hob man das jeweils spezifisch andere „Zentrum“ der eigenen Religion hervor. Nach Treffen in Ajaltoun (1970) und Zürich fand 1972 ein christlich-islamisches Gespräch in Broumana statt, bei dem es über die Wahrheits- und Offenbarungsproblematik und das interreligiöse Beten hinaus um die Gemeinschaft zwischen Christen und Muslimen ging. Eine weitere wichtige Etappe im evangelisch-islamischen Dialog stellt die Konsultation von Chambésy (1976) dar über christliche „Mission" und islamische „Da wa" (Einladung zum Glauben) mit ihrer gegenseitigen Anerkennung. Die multilaterale Konferenz im thailändischen Chiang Mai (1977), die eine wirklich „dialogische Theologie" forderte, bilanzierte die bisherigen Erträge christlich-islamischer Begegnungen und gab weitere Empfehlungen.

Chiang Mai und Mombasa (1979) markieren eine „Denkpause im Dialog", eine Phase christlicher Selbstreflexion. In Colombo (1982) fand erstmalig ein offizielles Gespräch zwischen dem Weltkirchenrat und dem „Islamischen Weltkongreß" (mit Sitz in Karatschi) statt.

In Deutschland findet der evangelisch-islamische Dialog auf verschiedenen Ebenen statt. Die EKD mit Sitz in Hannover unterhält ein „Islam-Referat". Damit in Zusammenhang stehen Arbeitskreise wie „Zusammenleben mit Muslimen", die „Islamisch-Christliche Arbeitsgemeinschaft zu Ausländerfragen" (ICA). Die „Vereingte Evangelisch-Lutherische Kirche Deutschlands" (VELKD) gab eine Faltblattserie heraus, die millionenfach verbreitet wurde. Die Breite der kirchlichen Trägerschaft kommt dadurch zum Ausdruck, daß das „Kirchenamt der Evangelischen Kirche in Deutschland" (EKD) mit als Herausgeber auftrat. Die einzelnen Landeskirchen haben spezielle Arbeitskreise eingerichtet. Außerdem gibt es einige christlich-islamische Vereinigungen.

Auf katholischer Seite ist die „Christlich-Islamische Begegnung Dokumentationsleitstelle" (CIBEDO) zu erwähnen sowie die „Ökumenische Kontaktstelle für Nichtchristen" (ÖKNI) beim Erzbistum Köln.

ISLAM IN DEUTSCHLAND

In der Bundesrepublik bekennen sich nach der 1987er Volkszählung 2,7 % der Gesamtbevölkerung zum Islam. Über ein Drittel der (offiziell) 1.650.000 Muslime (im Jahre 2000 rechnet man mit 2,2 Millionen) leben in Nordrhein-Westfalen. Die Zeit des Hinterhof-Islam, der Fabrikhallen-Moscheen, neigt sich ihrem Ende zu. Der Islam beginnt, salonfähig zu werden. Seit den frühen 70er Jahren haben sich die selbstbewußter gewordenen Muslime in mehreren Verbänden organisiert. Viele Probleme mit der bundesdeutschen Gesellschaft, so hat sich herausgestellt, waren mentalitäts-, generations- und bildungsbedingt. Die dritte und vierte Generation, die alle deutsche Staatsbürger sein werden, sind hier geboren, haben deutsche Schulen –

immer öfter auch weiterführende – durchlaufen, artikulieren sich differenzierter als ihre Altvorderen.
Der bundesrepublikanische Islam stellt sich überwiegend türkisch dar. In den letzten Jahren ist es um ihn erheblich stiller geworden. Angesichts extremistischer Aktivitäten türkischer Islamaktivisten legte der DGB vor mehr als einem Jahrzehnt eine Studie vor, beschrieb einzelne „Sekten" und „Organisationen", dokumentierte Aussagen türkischer Imame aus der Süleymanli-Richtung. Was sich dort an Fanatismus und theologischer Borniertheit, gemessen an den Standards islamischer Theologie, manifestierte, war oft nur schwer zu überbieten. Weitgehend herrscht in der Bevölkerung Unkenntnis über die Religion und Lebensweise der unter uns lebenden Muslime, gepaart mit Vorurteilen und Angst vor den allerorten aus dem Boden „schießenden" Minarette. Ausländer-raus-Parolen auf der einen Seite, Einigelung auf der anderen – doch oft lebt man einfach nur aneinander vorbei.

Gruppen und Organisationen
1. DITIB („Diyanet Isleri Türk-Islam Birligi"): „Türkisch-Islamische Union", eine halbstaatliche Gruppierung, die seit etwa 1984 in Deutschland tätig ist. Bei DITIB handelt es sich um einen Ableger der obersten türkischen Religionsbehörde. DITIB wurde vom türkischen Staat gegründet, um eine Alternative zu den in der Zwischenzeit entstandenen antikemalistisch (→ Atatürk, Kemal Mustafa) und antilaizistisch eingestellten Gruppen (so Milli Görüs; Islamisches Kulturzentrum) zu bieten. DITIB versteht sich als Dachverband, in dem rund 600 Vereine organisiert sind. Die Organisation verfolgt das Ziel, die gesamte türkische Bevölkerung zu erreichen und zugleich deren Nationalbewußtsein als Bürger des türkischen Staates zu stärken. Ihre Einstellung ist regierungskonform. Da sowohl in der türkischen Regierung und dementsprechend auch in den Reihen von DITIB Fundamentalisten (→ Fundamentalismus) tätig sind, kann man DITIB nicht als „antifundamentalistisches Bollwerk" kennzeichnen.
Rund 400 Imame (→ Imam), die für drei bis vier Jahre vom türkischen Staat nach Deutschland geschickt werden, arbeiten im Auftrag von DITIB. DITIB organisiert die jährlichen Wallfahrten (→ Wallfahrt) nach Mekka (→ Mekka) und unterhält Ausbildungsstätten für Jugendliche.

2. AMGT („Avrupa Milli Görüs Teskilatlari" = „Vereinigung der Neuen Weltsicht in Europa") e.V. mit Hauptquartier in Köln, in dieser Rechtsform

1985 gegründet. AMGT ist die zweitgrößte islamische Gruppierung und leitet sich aus dem Zusammenschluß von 11 Landesverbänden mit zur Zeit rund 350 Gemeinden her. Ziele von AMGT: Verbesserung der Lebenssituation türkischer Arbeitsmigranten und ihrer Familien. Verbesserung des kulturellen Angebots. Vor allem Orientierungshilfe zur Identitätsbestimmung. Seelsorgerische Betreuung in den Gemeinden, teilweise religiöse Aus- und Weiterbildung und darüber hinaus Dialog mit allen gesellschaftlichen Gruppen. AMGT ist hierarchisch und zentralistisch organisiert. Es gibt überall in Deutschland und Europa Ortsvereine. Diese sind wiederum zu Regionen zusammengefaßt und haben jeweils einen Leiter, der Kontakt zur Kölner Zentrale unterhält. Durch eine große Anzahl von Veröffentlichungen in Print- und AV-Medien bemüht sich AMGT, über die türkischen Mitglieder hinaus auch andere Muslime zu erreichen.

3. Die drittgrößte türkisch-islamische Gruppierung ist „Islam Kültür Merkezleri Birligi", der „Verband der Islamischen Kulturzentren" (seit 1973, vorher seit 1967 „Türkische Union"). Nach ihrer Selbstdarstellung sind sie vor allem in folgenden Bereichen tätig: Koranunterweisung, soziale Hilfeleistungen, Hilfen zur islamischen Lebensgestaltung.
Sie werden auch „Süleimanlisten" genannt. Ihr Gründer Süleyman Hilmi Tunahan (1888-1959) war ein islamischer Gelehrter, der aus Jugoslawien in die Türtkei kam. Dieser religiöse Orden der Süleymanlis ist vor allem als Korankursbewegung in Erscheinung getreten. Auch der „Verband der islamischen Kulturzentren" sieht seine hauptsächliche Aufagbe darin, die Kinder der türkischen Arbeitsmigranten im Koranlesen zu unterrichten. Nur ein „innerer Kreis" ist in die mystischen Geheimlehren des Ordens eingewiesen. Als in der Türkei alle Orden von Atatürk verboten wurden, war die Zugehörigkeit zu den Süleymanlis in der Türkei tabuisiert. Mittlerweile bekennen sich selbst angesehene Politiker zu diesem Orden. Auch die anderen Dachorganisationen scheinen ihn allmählich zu respektieren. Der Verband ist zentralistisch organisiert. Die Hauptverwaltung hat ihren Sitz in Köln. Die regionalen Zentren sind jeweils Zweigstellen der Zentrale.

4. „Tebligis", „Propagandisten": Splittergruppe, entstanden aus der Trennung von der Milli Görüs, geleitet von dem als „Ayatollah von Köln" bezeichneten Dschemal ed Din Kaplan. Wegen seiner antilaizistischen Forderungen wurde er als Müfti von Adana 1980 entlassen. Er steht unter starkem Einfluß der iranischen Revolution. Geplant ist der Umsturz der

derzeitigen Regierung und die Einführung einer islamischen Verfassung. Erneute Spaltung 1987 in einen Kaplan- und Polat-Zweig. Sie sind wie AMGT als Regionen mit Zentrale strukturiert. Insgesamt ist ihr Einfluß schwindend. Trotzdem besitzen sie immer noch einen hohen Bekanntheitsgrad.

5. „Union der türkisch-islamischen Kulturvereine", mit Hauptsitz in Frankfurt: Die Union beschäftigt sich mit den Problemen der in Deutschland lebenden türkischen Muslime. Sie vertritt eine dialogoffene Einstellung, veranstaltet Ausstellungen, Studienreisen in die Türkei, Volksabende, Theater, Straßenfeste. Hauptaktivitäten: Deutschkurse für Ausländer, Nähkurse für Frauen, Computerkurse, Türkischunterricht für Deutsche, politische Bildung für Türken.

6. ADÜTDF: „Föderation der türkisch-demokratischen Idealistenvereine in Europa". Ihre Ideologie ist radikal konservativ und nationalistisch. ADÜTDF steht der Nationalen Arbeitspartei nahe und hat ca. 10.000 Mitglieder.

Das „Islamische Zentrum Aachen" steht Saudi-Arabien nahe. In der bedeutenden Moschee treffen sich vor allem Studenten verschiedenster islamischer Länder.

Der iranisch-schiitische Islam hat sein deutsches Zentrum im „Islamischen Zentrum in Hamburg", gegründet von persischen Großkaufleuten. Das Zentralorgan: „Al-Fadschr" (die Morgendämmerung), erscheint monatlich.

„Islamisches Zentrum München". Diese Gemeinschaft stellt die zahlenmäßig größte Vereinigung deutscher Muslime dar. Zentralorgan: „Al-Islam".

Neu gegründet wurde der „Islamische Arbeitskreis". Dabei handelt es sich um einen Zusammenschluß der größten islamischen Gruppierungen (vgl. die vorstehenden Punkte). Jede Gruppe ist in diesem Arbeitskreis autonom. Gemeinsam setzt man sich aber für allgemeine muslimische Probleme (so Schächten, Religionsunterricht) ein.

JERUSALEM

Jerusalem heißt auf arabisch „Al-Quds" (alte Bezeichnung: „Bait al-Maqdis" nach der Bezeichnung des salomonischen Tempels) und ist neben Mekka (→ Mekka) und Medina (→ Medina) die drittwichtigste heilige Stadt des Islam. Nach der islamischen Eroberung (638) blieb es nur mit Unterbrechung der Kreuzfahrerzeit (→ Kreuzzüge) in islamischer Hand, der heilige Bezirk („Al-Haram") auch nach der Entstehung des Staates Israel (1967). Der heilige Felsen, der als Stätte des Abraham-Opfers (→ Abraham) betrachtet wird, wurde durch Abdalmalik (688) mit dem Felsendom überbaut. Dieser Felsen wird auch mit der Himmelsreise des Propheten (→ Miradsch Kandili) in Verbindung gebracht. Ferner wird das zweite islamische Heiligtum in Jerusalem, die in unmittelbarer Nähe südlich des Felsendoms gelegene Al-Aqsa-Moschee nach islamischer Ansicht bereits im Koran (17,1) erwähnt. Bis heute ist Jerusalem Gegenstand des Streites zwischen Juden und Arabern. Die Vorstellungen der verschiedenen Religionsgemeinschaften über den Status dieser Stadt gehen auseinander.

JESUS

Jesus wird im Koran (→ Koran) „Isa" genannt. Erwähnt wird Isa in mehreren Koranversen, teils sporadisch, teils in zusammenhängenden Erzählungen. Im allgemeinen findet sich der Isa-Stoff in einen Rahmen von Prophetenerzählungen (→ Propheten und Gesandte) eingefügt, zum Beispiel Sure 19,1-41 (sogenanntes „Mekkanisches Kindheitsevangelium").
Isa ist Gottes „Diener" (Abd), „Prophet" (Nabi), „Gesandter" (Rasul), „Messias" (al-Masih), „Wort Gottes" (Kalima), „Geist Gottes" (Ruh) und Bringer der Schrift: des als ein Buch aufgefaßten Evangeliums (Indschil). Der Koran nennt Isa „Sohn der Maria", nicht aber „Sohn Gottes". Diese Aussage käme, jedenfalls in seinem wortwörtlichen – unsymbolischen – Verständnis, einer Gotteslästerung gleich, da sie gegen den Eingottglauben verstößt. Isa wird sogar als Zeuge gegen die Christen (→ Christen/Juden) angerufen: Statt in seiner Botschaft den bereits von anderen Propheten (→ Propheten und Gesandte) vor ihm verkündeten Monotheismus (→ Gott) hervorzuheben, haben die Christen Isa vergöttlicht und in ihrer Trinitätslehre zu einem von dreien gemacht. Isa ist gestorben und zu Gott erhöht worden (3,55). Möglicherweise ist die Aussage von Sure 4,157ff., in der es um die Kreuzi-

gung geht, gnostisch beeinflußt worden. Auch wenn die Juden, so kann man den Korantext verstehen, glaubten, sie hätten Isa an das Kreuz geschlagen, so haben sie sich getäuscht, da sie nur Isas menschliche Hülle, seinen Scheinleib, töten konnten, doch niemals seinen Geist.
Nach anderen Interpretationen ist anstelle Jesu ein anderer gekreuzigt worden, da Gott seine Gesandten stets rettet. Für Muslime ist die Kreuzigung entweder ein Zeichen der Ohnmacht Gottes, falls er seinen Gesandten nicht retten konnte, oder der Beweis für seine Ungerechtigkeit, für den Fall, daß er ihn nicht retten wollte. Die Vorstellung eines Sühnopfers lehnt der Islam ab, da sich am Jüngsten Tag jeder Gläubige für sich allein vor Gott verantworten muß. Für Muslime ist es schwer zu verstehen, warum die Jünger nicht alles daran setzten, ihren Meister zu retten.
Wie die Aufgaben der anderen Propheten und Gesandten vor ihm, so besteht Isas Auftrag darin, den Dienst der Menschen gegenüber dem einen und einzigen Gott zu verkünden: „Gott ist mein Herr und euer Herr; dient ihm also! Das ist ein gerader Weg!“ (Sure 19,36; 43, 64 u.ö.). Isa werden außerordentliche Beschaffenheiten zugesprochen, die sonst in ihrer Gesamtheit im Koran keinem anderen Menschen, nicht einmal Mohammed, zugeschrieben werden. Wie bei Adam (→ Adam) (3,59), so entstand Isa, ohne von einem menschlichen Vater gezeugt worden zu sein – einfach auf einen Befehl Gottes. Isas Mutter Maria (→ Maria) wird wegen ihrer „Reinheit“ über „die Frauen in aller Welt“ gehoben (3,42). Nach seinem Tode wird Isa in den Himmel erhöht. Vom koranischen Isa werden nicht nur außergewöhnliche „Zeichen“ (Aya) – Wundertaten, Heilungen, Totenerweckungen – berichtet; vielmehr gilt Isa selbst als ein Zeichen Gottes, mit dem Gott selbst die Menschen auf sich hinweisen und ihnen mitteilen will, daß er vorhat, ihnen mit Barmherzigkeit zu begegnen. Dieser Zeichencharakter unterscheidet Isa von allen anderen Propheten, Mohammed eingeschlossen.
Während der Jesus des Korans vor allem durch sein Reden und Handeln hervortritt, zeichnet die islamische Mystik von ihm das Bild eines heimatlos-asketischen Wanderers. Aller irdischen Bindungen ledig, besitzlos, unter freiem Himmel schlafend, nur mit einem Stein als Kopfkissen, auf dem Leib ein Gewand aus Wolle, belehrt dieser „Gott Nahestehende“ die Sucher „über die Wichtigkeit von Demut, Frieden und Wohltätigkeit“. Der Wanderasket Isa, das „Siegel der Heiligkeit“, der selbst Mohammed als das „Siegel der Propheten“ übertrifft, lebt so arm und bedürfnislos, daß er nicht einmal eine Almosenschale sein eigen nennt. Er hat „überhaupt keine Geräte oder Habseligkeiten und bettelt auch nicht um sein tägliches Brot. Er nimmt

das, was die Natur ihm bietet: Wasser aus der Quelle und Gewürze, wie sie die Feldmark wachsen läßt". Al-Ghazali (1058-1111) berichtet:

Bedenke (das Beispiel) des Messias: es ist wahr, daß er nie einen Geldbeutel besaß. Zwanzig Jahre lang kleidete er sich mit einem wollenen Gewand. Auf seinen Wanderungen besaß er nichts als einen Krug und ein Kamm. Eines Tages sah er einen Mann, der aus seiner Hand trank. Da ließ (Christus) den Becher aus seiner Hand fallen und rührte ihn danach nie wieder an. Dann ging er an einem Mann vorbei, der seinen Bart mit den Fingern kämmte. Da ließ er (auch) den Kamm aus seiner Hand fallen und rührte ihn danach ebenfalls nicht mehr an. Er pflegte zu sagen: mein Reittier sind meine Füße, meine Häuser sind die Höhlen der Erde; meine Nahrung sind ihre Pflanzen, mein Trank ihre Flüsse. Welcher Reichtum ist größer als dies alles, o ihr Kinder Israels?

Auch moderne islamische Denker beschäftigen sich mit Jesus. So interpretieren ihn islamische Sozialisten zum Beispiel als Sozialreformer und Bruder Mohammeds, weil beide versuchten, die Menschheit vor Tyrannei und Ungerechtigkeit zu befreien. Der ägyptische Schriftsteller und Orthopäde Muhammad Kamil Husain, der mit seinem 1954 erschienenen Jesus-Roman „Sündige Stadt" (gemeint ist Jerusalem) einen Literaturpreis seines Landes gewann, schildert die Atmosphäre in Jerusalem am Kreuzigungstag. Er erörtert unter psychologischem Blickwinkel die Folgen, die dieses Ereignis für das allgemeine christliche Bewußtsein besaß. Optimistisch folgert Husain: Wenn alle an der Kreuzigung beteiligten Personengruppen sich von ihrem „Gewissen" hätten leiten lassen, wäre die furchtbare Tat verhindert worden.

JOSEF

Josef (Jusuf) gilt im Koran (→ Koran) als Prophet (→ Propheten und Gesandte). Durch die Josefsgeschichte wird erklärt, wie die Israeliten in Ägypten ansässig wurden. Die ganze 12. Sure ist der Josefsthematik gewidmet und trägt den Titel „Josef". Folgende Inhalte werden geschildert: Josef, der Träumer; der Anschlag der Brüder; Josef in Ägypten; die Frau des Ägypters; Gefangennahme; die Träume der Mitgefangenen; Pharaos Träume; Josefs Rechtfertigung und Erhöhung; die Begegnung der Brüder; Rückkehr zum Vater und Prüfung der Brüder; Benjamin als Geisel; Josef gibt sich zu erkennen.

Josefs Prophetenrolle wird vom Koran deutlich hervorgehoben. Er leidet wie die übrigen Propheten Unrecht und Verfolgung, verkündet die monotheistische Botschaft unter schwierigsten Bedingungen. Er hat von Jugend an übernatürliches Wissen und als Erwachsener die Urteilskraft eines Propheten.

KALENDER

Geburtstag des Propheten:

1993: 29./30. 8.	1997: 16./17. 7.
1994: 18./19. 8.	1998: 5./6. 7.
1995: 8./9. 8.	1999: 26./26. 6.
1996: 27./28. 7.	2000: 14./15. 6.

Beginn des Ramadan:

1993: 23. 2.	1997: 10. 1.
1994: 12. 2.	1998: 29. 1.
1995: 1. 2.	1999: 19. 1.
1996: 21. 1.	2000. 8. 1.

Nacht der Bestimmung:

1993: 20./21. 3.	1997: 4./5. 2.
1994: 9./10. 3.	1998: 25./26. 1.
1995: 26./27. 2.	1999: 14./15. 1.
1996: 15./16. 2.	2000: 3./4. 1.

Fest des Fastenbrechens:

1993: 24. 3.	1997: 9. 2.
1994: 13. 3.	1998: 29. 1.
1995: 3. 3.	1999: 19. 1.
1996: 20. 2.	2000: 8. 1.

Opferfest:

1993: 1. 6.	1997: 18. 4.
1994: 21. 5.	1998: 7. 4.
1995: 10. 5.	1999: 28. 3.
1996: 28. 4.	2000: 16. 3.

KALIFAT

Das Wort „Khalifa“ (Kalif) kommt bereits im Koran (→ Koran) in der Bedeutung „Stellvertreter Gottes auf Erden“ (→ Menschenbild) vor. Größere Bedeutung als diese jedoch hat Kalif im Sinne des politischen und religiösen Nachfolgeamtes des Propheten Mohammed (→ Mohammed) erhalten.

Die ersten Kalifen Abu Bakr, Umar, Uthman wurden von einem Beratungsrat gewählt, während mit Beginn der Dynastie der Umaiyyaden (661-750) (→ Umaiyyaden) eine dynastische Erbfolge einsetzte. Während der Regierungszeit der vier sog. „Rechtgeleiteten Kalifen“ (632-661), die heute von Muslimen als „Goldenes Zeitalter“ und ideale Frühzeit glorifiziert wird, und während der Dynastie der Umaiyyaden bezeichnete der Kalifentitel noch das Oberhaupt des gesamten islamischen Reiches, das in seiner Person weltliche und geistliche Macht vereinigte. Vom 9. Jahrhundert an ging die politische Macht des Kalifats dadurch zurück, daß Gouverneure, Heerführer und Reformer neue Dynastien gründeten. Es gab daher kein einheitliches islamisches Reich mehr, sondern eine islamische Welt, in der das Kalifat vornehmlich geistliche Autorität genoß. Vom 10.-12. Jahrhundert bestand darüber hinaus neben dem offiziellen Kalifat der Abbasiden (→ Abbasiden) ein schiitisches (→ Schiiten) Gegenkalifat. Die Sorge um die Einheit des Islam und die Furcht vor Anarchie veranlaßten die Rechtsgelehrten (→ Rechtsschulen), die faktische Machtübernahme in den Provinzen zu rechtfertigen, solange der Name des Kalifen in der Freitagspredigt erwähnt und Münzen in seinem Namen geprägt wurden. Nach der Beseitigung des Abbasidenkalifats setzte sich bei den Gelehrten allmählich der Gedanke durch, daß jeder Sultan, der die religiösen Gesetze aufrechterhält, den Namen Kalif führen dürfe. Seit dem 15. Jahrhundert führten die Sultane der Osmanen (→ Osmanisches Reich) wie auch andere Herrscher den Kalifentitel. Von der 2. Hälfte des 15. Jahrhunderts an wurde der Gedanke der Notwendigkeit eines universalen Kalifats wiederbelebt, so daß seine endgültige Abschaffung 1924 durch Kemal Atatürk (→ Atatürk, Kemal Mustafa) bei Teilen der Bevölkerung große Entrüstung hervorrief.

KISMET

Kismet („Los", „Anteil", „Geschick") ist kein theologischer Begriff und spielt lediglich im Volksglauben eine gewisse Rolle. Man verwendet den Ausdruck, wenn sich für Schicksalsschläge oder Glücksfälle im Leben keine direkte Ursache angeben läßt. Ein frommer Muslim rechnet immer mit dem Eingreifen Gottes. Dies ist nicht Ausdruck von Fatalismus, sondern von Gottvertrauen. Die dem Orientalen nachgesagte Inaktivität im privaten, politischen oder wirtschaftlichen Bereich darf man nicht einseitig dem Islam anlasten. Meist spielen klimatische, kulturelle, verwaltungstechnische und politische Ursachen die entscheidende Rolle.

KOLONIALISMUS

Als Auftakt der modernen islamischen Geschichte gilt im allgemeinen Napoleons Ägyptenfeldzug (1798), durch den die Muslime zum ersten Mal in der neueren Zeit mit der militärischen Macht der europäischen Länder und westlichem Gedankengut in Kontakt kamen. Infolge dieser Auseinandersetzung mit der westlichen Kultur, aber auch der Kritik an der Politik des Osmanischen Reiches (→ Osmanisches Reich), bemühten sich viele islamische Denker um Reformen und Neuansätze, zum Beispiel in Armee, Verwaltung, Schule und Rechtswesen. Der Ägyptenfeldzug war der Auftakt zahlreicher militärischer, politischer und kultureller Einmischungsversuche Europas und später der USA im Nahen Osten. Fast alle islamischen Länder – abgesehen von Teilen der arabischen Halbinsel – standen zeitweise unter westlicher Kolonialherrschaft. Die Kolonialverwaltung sah in den einzelnen Ländern unterschiedlich aus. So neigte Großbritannien bei der Befolgung des „indirect rule" eher zur Bewahrung vorgefundener Traditionen, während Frankreich von einer berechtigten Vormundschaft über die sogenannten „unmündigen Kolonisierten" ausging. Gegenüber der abendländischen Expansion auf politischem, wirtschaftlichem und kulturellem Gebiet fühlten sich weite Kreise der islamischen Bevölkerung machtlos. Teilweise wurde eine Integration in das westliche Gesellschaftssystem versucht, wobei einige europäische Errungenschaften akzeptiert wurden. Andere Kreise betrachteten jegliche Verwestlichung als unislamische Überfremdung. Dennoch kam es unter dem Druck der Kolonialmächte und zum Teil verwestlichter Führungsschichten zur Einführung eines europäischen Militärwesens, zur Ausbildung der einheimischen Eliten an ausländischen Universitäten, einer

Erneuerung des Erziehungssytems sowie zu Reformen der Gesetzgebung. Für diese Zeit waren Formen der Kolonialpolitik typisch, die von Wirtschaftsinteressen und europäischer Rivalität bestimmt waren und das Anliegen der betroffenen Länder wenig berücksichtigten. Darüber hinaus ließen die Europäer bei der mancherorts bestehenden Zusammenarbeit von Missionaren und Kolonialmächten die Muslime oft spüren, daß kein wesentlicher Unterschied zwischen der politischen Überlegenheit europäischer Länder und der spirituellen Überlegenheit des Christentums bestünde. Besonders folgenschwer erwies sich das Interesse der westlichen Staaten an den christlichen Minderheiten in den islamischen Ländern, die später aufgrund ihrer westlichen Ausbildung und wirtschaftlichen Führungspositionen die Ablehung und Feindschaft ihrer muslimischen Nachbarn hervorriefen. Auswirkungen dieser Politik zeigten sich bis hin zum Bürgerkrieg im Libanon. Andererseits waren die Christen auch Träger wichtiger Reformideologien, wie zum Beispiel des Panarabismus. Dieser Panarabismus wurde u.a. von einem Bürgertum unterstützt, das davon ausging, daß eine gemeinsame Geschichte und Sprache ein Volk entscheidender prägen als die Religion.

KORAN

„Der Koran" („Vortrag", „Rezitation") ist für Muslime nicht das Werk Mohammeds, sondern „Gottes Wort". „Der Prophet war vollkommen passiv angesichts der Offenbarung, die er von Gott empfing. Er fügte nichts zur Offenbarung selbst hinzu. Er schrieb kein Buch, sondern überbrachte das Buch der Menschheit", so der schiitische Gelehrte Hossein Nasr.
Der Koran ist nicht auf einmal, sondern von 610 an (→ Mohammed) 23 Jahre lang zunächst in Mekka (→ Mekka), dann in Medina (→ Medina) den jeweiligen Notwendigkeiten und Offenbarungsanlässen entsprechend (so A. Falaturi) geoffenbart worden. Insgesamt besteht der Koran aus 114 Suren (Abschnitten), die wiederum aus einzelnen „Versen" (Ayat) bestehen. Größtenteils ist der Koran der Länge nach geordnet (Ausnahme u.a.: Sure 1): Die kürzesten Verse stehen am Schluß des Buches. Die Mohammed von Gott geoffenbarten Verse diktierte der Prophet seinen Schreibern. Noch zu Lebzeiten entstanden so vollständige Gesamtabschriften. Die heutige verbindliche Koranausgabe geht auf den 3. Kalifen (→ Kalifat) Uthman (644-656) zurück. Über 90% der Koranverse befassen sich mit ethischen Werten, also mit dem Aufbau und den Regeln der Gemeinschaft, mit Gott (→ Gott) und seinen Eigenschaften (→ Gottes schönste Namen), mit den

Propheten und Gesandten (→ Propheten und Gesandte) sowie der gesamten Schöpfung. Nur etwa 6% des Korans sind konkreten Vorschriften gewidmet. Der Koran betrachtet sich als im Zusammenhang mit den Schriften der Juden und Christen stehend.

Der Koran gilt als Abbild eines präexistenten Urbuches, der „Mutter des Buches“ oder der „wohlverwahrten Tafel“, mit der er bis in die Orthographie hinein übereinstimmt. Gott selbst hat mit der göttlichen „Feder“ dieses Buch verfaßt. Daß der Koran ein wunder-bares Buch ist, zeigt sich nach islamischer Meinung auch in seiner literarischen Unübertrefflichkeit. Nicht nur die Schrift als Ganzes, sondern jeder einzelne geoffenbarte Vers (Aya) gilt als „Wunderzeichen“. Islamische Theologen haben diese Ansicht dogmatisch zur Lehre von der „Unübertrefflichkeit des Korans“ ausgebaut: Alle Prophezeiungen seien zutreffend, das Buch enthalte keinerlei Widersprüche und nehme auch einige neuzeitliche wissenschaftliche Erkenntnisse vorweg. Islamische Denker haben viel Energie darauf verwendet, die Einmaligkeit und Unübertrefflichkeit des koranischen Stils nachzuweisen. Der Koran will, wie schon sein Name sagt, „rezitiert“, „vorgetragen“ sein. Die Art der Aussprache, das Sprechtempo und die Stimmführung sind seit dem Mittelalter genau festgelegt worden und haben verschiedene Schulbildungen hervorgebracht. Zum Zwecke der liturgischen Lesung wird der gesamte Korantext in 30 Abschnitte aufgeteilt, von denen jeder wiederum in zwei Unterkapitel zerfällt. Diese 60 Teile können wiederum in weitere Viertel aufgeteilt werden, so daß insgesamt 240 Abschnitte entstehen. Die beschwerlichste Art, den Koran zu rezitieren, besteht in seiner Drittelung: Sure 1-9; 10-30; 31-114.

Gott hat den Koran auf arabisch entstehen lassen. Daher gilt das Arabische als „heilige“ Sprache. An dem „Segen“, der von diesem Buch ausströmt, vermag nur der teilzuhaben, der mit dem Klang und dem Rhythmus des Buches übereinstimmt. Obgleich der Islam keine Sakramente kennt, weist er dennoch sakramentale Qualitäten im Zusammenhang mit der Wertschätzung des heiligen Buches auf. Der den Koran verinnerlichende, auswendig lernende („to learn by heart“), ihn in sein Herz, Gemüt und Verstand aufnehmende „Hafiz“ (Bewahrer), ja letztlich jeder Muslim, der den Koran rezitiert und mit ihm „konform“ wird, kommt damit Gott außerordentlich nahe. Die besondere Bedeutung des Korans wird in der Kalligraphie sichtbar, der vom Islam so sehr gepflegten Schönschreibkunst. Kalligraphie ist eine religiöse Kunstform, die auf den Muslim eine starke numinose Faszination ausübt.

KREUZZÜGE

Obwohl die Kreuzzüge nach islamischem Selbstverständnis bei weitem nicht die zentrale Bedeutung besaßen, die sie für die Europäer hatten, stellen sie dennoch eine wichtige Epoche der Begegnung zwischen dem Abendland und der islamischen Welt dar. Es gab verschiedene innereuropäische Kreuzzugsursachen: Überbevölkerung; Hungersnöte; ritterliche Abenteuerlust; wirtschaftliche und soziale Spannungen; die Tradition der Bußwallfahrten; die Lehre vom „bewaffneten Heidenkrieg"; sowie der in Aussicht gestellte Sündenerlaß. Darüber hinaus sind auch außereuropäische Anlässe an dem Geschehen mitverantwortlich, wie zum Beispiel die Christenverfolgung der Fatimiden unter Al-Hakim zu Anfang des 11. Jahrhunderts sowie das Vordringen der Seldschuken infolge der Niederlage der Byzantiner bei Malazgirt (1071). Diese Ereignisse übten eine propagandistische Wirkung zugunsten der Kreuzzugswerbung aus. Da die Position der Seldschuken, unter deren Kontrolle damals das abbasidische (→ Abbasiden) Kalifat stand, aufgrund des Einflußgewinns turkmenischer Gruppen und der ständigen Gegnerschaft zu dem in Ägypten, Teilen Arabiens und Palästinas ansässigen Fatimidenkalifat bereits geschwächt war, konnten die Kreuzfahrer zunächst mehrere militärische Erfolge erringen und die Kreuzfahrerstaaten Edessa, Antiochia, Jerusalem und Tripolis gründen.

Die Wende zugunsten der Muslime trat durch die Rückeroberung Edessas unter dem Gründer der Zangidendynastie, Imad ad-Din Zangi (1127-1149), ein. Sein Sohn Nur ad-Din Zangi (1149-1174), der Syrien in sein Herrschaftsgebiet eingliederte und sowohl ein erbitterter Gegner der Fatimiden als auch der Franken war, rief im Zusammenhang mit dem Widerstand gegen die Kreuzfahrer zum Dschihad (→ Dschihad) auf. Die bedeutendste und von beiden Seiten aufgrund seiner Toleranz geachtete Gestalt der Kreuzzugsgeschichte war Salah ad-Din (Saladin) ibn Ayyub, dem u.a. in Lessings „Nathan der Weise" (1779) ein Denkmal gesetzt wurde. Er stürzte 1171 das Fatimidenkalifat, wehrte die Franken in Ägypten ab und zerstörte schließlich durch den Sieg von Hittin das Königreich Jerusalem (1187). Anschließend gewährte er den Pilgern Zugang zu den heiligen Stätten. Der 3. Kreuzzug Barbarossas sowie des englischen und französischen Königs vermochte nur einen kleinen Küstenstreifen des heutigen Libanon zu christianisieren, während die päpstliche Expedition unter dem Legat Pelagius (1219-1221) nach dem Sieg der ägyptischen Ayyubiden unentschieden endete. Der Kreuzzug Friedrichs II. (1229) führte schließlich zur Rückgabe

Jerusalems (→ Jerusalem) ohne die heiligen Stätten des Islam. Das christliche Königreich Jerusalem bestand aber nur bis zur islamischen Wiedergewinnung (1244). Der Kreuzzug Ludwigs des Heiligen gegen Damiette (1226-1270) fiel mit dem Aufstieg der Mamluken (türkische Prätorianer), die vormals in türkischen Diensten standen, zusammen. Sie eroberten im Verlauf des 13. Jahrhunderts die letzten fränkischen Siedlungen. Nach dieser Zeit scheiterten alle abendländischen Versuche, wieder in Palästina Fuß zu fassen.

Bemerkenswert ist die unterschiedliche Bewertung der Kreuzzüge aus christlicher und islamischer Sicht. Während es sich auf der christlichen Seite um Feldzüge handelte, die in einem religiös-ideologischen Gesamtzusammenhang standen, besaßen die Kreuzzüge für die islamische Welt nicht annähernd die gleiche zentrale und existentielle Bedeutung. Sie wurden in der zeitgenössischen islamischen Geschichtsschreibung weniger als europäischer Großangriff, sondern mehr als mit früheren vergleichbare Grenzzwischenfälle betrachtet. Man sah auch keinen Zusammenhang zwischen den einzelnen Kreuzzügen, weil diese gegen verschiedene Gebiete der islamischen Welt gerichtet waren. Auch die religiösen Beweggründe wurden den Muslimen in der Regel nicht deutlich. In mancher Hinsicht waren Syrien und Palästina eher Nebenschauplätze. Die islamischen Zentren lagen dagegen in Ägypten und Irak. Auch bei der Wiederbelebung des „Dschihads" gegen die Kreuzfahrer waren innerislamische Machtkämpfe mit betroffen.

Erst in der neueren nachkolonialen (→ Kolonialismus) Geschichtsschreibung ist die Tendenz festzustellen, die Kreuzzüge nachträglich als imperialistische Aggression zu interpretieren und auch der islamischen Abwehr eine Einheitlichkeit zuzuschreiben, die sie tatsächlich nicht gehabt hatte.

Die Kreuzzüge führten zu einem fruchtbaren Kulturaustausch mit Europa. Eine besondere Rolle kommt dabei dem maurischen Spanien zu, das unter islamischer Herrschaft eine besondere kulturelle Hochblüte erlebte.

KRIEG

Der irakische Präsident Saddam Husain rief im Frühjahr 1991 zum „Dschihad", zum sogenannten „Heiligen Krieg", auf. Damit spielte er gekonnt auf der Klaviatur islamischer Gefühle. Geschickt lenkte er die Empörung über ungelöste politische Probleme auf die klassischen „Sündenböcke": die einstigen Kolonialmächte und die heutigen „Imperialisten". Speziell an die

Frauen richtete er einen Appell; im Kampf um die „Befreiung Jerusalems, Mekkas und Medinas“ falle den „Mudschahedat“, den Kämpferinnen, eine wichtige Rolle zu. Durch die Verherrlichung von Werten aus der eigenen Tradition war Saddam Husain bemüht, das angeschlagene Selbstwertgefühl der Massen wiederaufzurichten.

Dabei kennt der Islam „heilige“ Kriege – vergleichbar den archaischen „Kriegen Jahwes“ im Alten Testament – überhaupt nicht. Zumindest besitzt er kein Wort dafür. Wohl propagiert er den religiös verdienstvollen Kampf des einzelnen: den sogenannten Dschihad, der schon im Koran (→ Koran) erwähnt wird. Damit ist der tatkräftige „Einsatz“ des Gläubigen „für die Sache Gottes“ gemeint. Im Koran geht es dabei in erster Linie um die Verteidigung der jungen islamischen Gemeinde angesichts einer bedrükkenden nichtislamischen Übermacht in Mekka (→ Mekka). Der Dschihad kann mit der Waffe in der Hand geführt werden, genausosehr auch ein gewaltfreies Engagement für Gottes Sache sein. Nach der Lehre des vom 8 Jahrhundert an ausformulierten islamischen Völkerrechts ist die Welt in ein „Gebiet des Islam“ und in ein „Gebiet des Krieges“ eingeteilt. Bezeichnenderweise wird hier ein weltliches Wort für Krieg: „Harb“ verwendet. Dies läßt erkennen, daß von den Eroberungskriegen vor allem die weltlichen Interessen des islamischen Staates betroffen sind. Der persönliche Dschihad einzelner Glaubenskämpfer, der in der Durchsetzung des Wortes Gottes besteht, kann durchaus im Rahmen eines weltlichen Krieges stattfinden, ist jedoch nicht einfach mit ihm identisch. Bis hin zu Saddam Husain wird deutlich, daß die Obrigkeit nur zum Dschihad aufrufen, ihn aber niemals „erklären“ kann.

Islamische Handbücher unterscheiden mehrere Dschihad-Formen, gegen: den äußeren Feind, das Böse, die eigenen egoistischen Triebe. Einige Autoren stellen an den Dschihad – im Gegensatz zum profanen Krieg – folgende Forderungen: Er darf nicht von persönlichen Interessen geleitet sein; er muß dem Schutz der Religion und der Allgemeinheit sowie der Verhinderung von Bürgerkrieg dienen. Vor allem seit der Kolonialzeit (→ Kolonialismus), die das islamische Selbstverständnis zutiefst erschütterte, ist der mit Leidenschaften aufgeladene Begriff Dschihad für verschiedene Arten von „gerechten“ Kämpfen verwendet worden: Gelegentlich wurde der Widerstand gegen die christlichen Kreuzfahrer Dschihad genannt. Der Sultan des Osmanischen Reiches (→ Osmanisches Reich), Mehmet V., rief am 23. 11. 1914 gegen England und Frankreich zum Dschihad auf. Oft galt der Befreiungskampf gegen die Kolonialmächte als Dschihad, zum Beispiel anläßlich des Algerienkrieges. Auch Kämpfe gegen Israel wurden zeitweilig Dschihad genannt. Ferner gibt es Dschihade gegen ungerechte eigene Herrscher und zur Bekämpfung sozialer und wirtschaftlicher Übelstände. Vornehmlich dann wird also zum Dschihad aufgerufen, wenn sich die islamische Welt durch nichtislamische Fremdeinflüsse oder Kollaborateure in den eigenen Reihen gefährdet sieht oder wenn Fremdmächte islamisches Gebiet besetzen.

Das ideologische Pendant zu Dschihad ist auf westlicher Seite der emotional ebenso hoch besetzte Begriff „Kreuzzug“ (→ Kreuzzüge). So nannte der US-Präsident Eisenhower noch den Einsatz der Amerikaner in Europa während des Zweiten Weltkriegs.

L

LOKUM

Erkalteter, in Kuchenform gegossener Sirup, der aus Zucker, Orangen- oder Grapefruitsaft und Weinstein besteht und mit Puderzucker bestreut wird. Wird u.a. zu „Scheker Bayram“ (→ Scheker Bayram) gereicht.

M

MARIA

Das Bild des Korans (→ Koran) von Maria hat große Ähnlichkeiten mit dem christlichen. Maria ist reine Jungfrau, die Jesus (→ Jesus), dem „Sohn der Maria“, ohne Zutun eines Mannes Leben schenkt. Josef wird im Koran nicht erwähnt. Die koranischen Erzählungen von Maria haben starke Anklänge an apokryphe Evangelien (zum Beispiel an das Protevangelium des Jakobus): Maria wird als Kind in den Tempel gebracht, wächst dort unter priesterlicher Obhut auf. Sie gilt als von Gott „auserwählt“: „Und damals, als die Engel sprachen: ‚Maria! Gott erwählte dich und machte dich rein. Er hat dich von allen Frauen der Menschen in aller Welt auserwählt‘“ (3,42). Der demütigen Frau wird Jesus (→ Jesus) als ein „Wort von Gott“ angekündigt. Maria zieht sich vor ihren Verwandten zurück, und der Bote Gottes erscheint vor ihr in menschlicher Gestalt und verkündet ihr einen „lauteren Jungen“. Ohne mit einem Mann Verkehr gehabt zu haben, wächst in ihrem Leib der Jesusknabe heran.

Der Koran erwähnt weder den Aufenthalt der Familie Jesu in Ägypten noch Marias Tod. Islamische Legenden haben ihn jedoch ausgeschmückt: So soll Maria den Nachstellungen römischer Verfolger durch ein wundersames Öffnen der Erde entkommen sein.

MEDINA

Medina („Stadt") gilt neben Mekka (→ Mekka) und Jerusalem (→ Jerusalem) als die zweite heilige Stadt des Islam, weil sie der letzte Wohnsitz des Propheten Mohammed (→ Mohammed) seit der Hidschra, der „Auswanderung" von Mekka nach Medina im Jahre 622, war und sich seine Grabmoschee dort befindet. Diese wurde vor allem in spätosmanischer (→ Osmanisches Reich) Zeit prachtvoll ausgeschmückt. Die Stadt wird auch „Al-Munawwara" („die Erleuchtete") genannt.

Während der ganzen islamischen Geschichte war Medina ein Zentrum islamischer Wissenschaft. Bis heute gibt es in ihren Mauern zahlreiche Ausbildungsstätten. Seit dem 19. Jahrhundert unterbanden die Wahhabiten als fundamentalistische (→ Fundamentalismus) Reformbewegung die Heiligenverehrung (→ Heilige) um den Propheten und erlauben bis heute keinen Kult am Grab. Sie zerstörten sogar in ihrem puritanischem Eifer die ursprünglichen Grabbauten und deckten die Gräber mit schmucklosen Steinen. Obwohl ein Aufsuchen Medinas kein Pflichtbestandteil der Wallfahrt (→ Wallfahrt) ist, pilgert die Mehrzahl der Frommen auch zur Großen Moschee in Medina mit dem Grab des Propheten.

MEKKA

Mekka, auch al-Mukarramah („die Geehrte") genannt, im heutigen Saudi-Arabien ist die Geburtsstadt des Propheten Mohammed (→ Mohammed) und des Islam (→ Islam).

Für die rund eine Milliarde Muslime gilt diese Stadt als „Mutter der Städte" (6,92; 42,7). Vor Medina (→ Medina) und Jerusalem (→ Jerusalem) ist Mekka die heiligste Stadt des Islam. Mohammded Hamidullah, ein in Frankreich lebender islamischer Gelehrter, verknüpft die geographische Beschreibung der Heimat des Islam mit religiösen Argumenten: Die geographischen Fakten verweisen auf den göttlichen Schöpfer und seine „Vorsehung". Mekka gilt nicht allein als Mittelpunkt der islamischen Welt, vielmehr als Zentrum des ganzen Erdballs: „Im Mittelpunkt dieses Gebietes war das Dreieck Mekka-Taif-Medina in gewisser Weise von der Vorsehung auserwählt: Mekka, wüst und von jeder Landwirtschaft entblößt, repräsentierte dem geographischen Charakter nach Afrika und seine brennende Sahara; kaum 60 Kilometer davon entfernt, verkörperte Taif Europa und seinen Frost; der äußerste Norden, Medina, war nicht weniger fruchtbar als die mildesten asiatischen Bezirke in Syrien oder anderswo. Wenn das Klima irgendwelchen Einfluß auf den menschlichen Charakter hat, dann war das Dreieck im Mittelpunkt der ‚größeren Hemisphäre' ein Abbild des ganzen Erballs wie kein anderes Gebiet irgendwo auf Erden – eine Miniatur-Welt in ihrer ganzen Mannigfaltigkeit."

Mekka ist die Geburtsstadt Mohammeds, den der Koran als „Siegel der Propheten" (33,40) preist. Im städtischen Milieu und nicht in der Wüste begann der „Al-Amin" genannte Prophet („der Treue", „der Vertrauenswürdige") damit, seine warnende Botschaft zu verkündigen. In Mekka „dreht" sich buchstäblich alles um die Kaaba (→ Kaaba), diesen 13 m langen, 12 m breiten und 15 m hohen heiligen Quader, den ein schwarzes, mit Koranversen goldbesticktes Seidentuch umhüllt. Das „geheiligte Haus Gottes" ist vom „Haram asch-Scharif", dem verbotenen Gebiet, umgeben. Nach islamischer Überlieferung ist die Kaaba so alt wie die Menschheit, und Adam (→ Adam) hat das „alte Haus" erbaut. Abraham (→ Abraham) und sein Sohn Ismael richteten das inzwischen jedoch zerstörte Haus wieder auf.

Das ganze Sein eines Muslims ist nach Mekka hin orientiert: Seine rituellen Pflichtgebete (→ Pflichtgebet) führt er in diese Richtung aus; die Toten begräbt man in Richtung Mekka. Einmal im Leben wollen Muslime die Wallfahrt (→ Wallfahrt) unternehmen, die rituelle Reise zur Kaaba mit dem eingemauerten Stein und zu den anderen denkwürdigen Orten ihres Glaubens.

MENSCHENBILD

Der von Gott gut geschaffene Mensch nimmt innerhalb der Schöpfung den höchsten Rang ein. Gott setzte Adam (→ Adam) als „Stellvertreter" oder „Nachfolger" (Khalifa) auf Erden ein und lehrte ihn die Namen aller Dinge. Der Mensch ist nicht nur „Khalifa", sondern auch „Diener" (Abd) Gottes, wie zum Beispiel der häufige islamische Vorname Abd-allah (Diener Gottes) zum Ausdruck bringt. Muslime empfinden dies jedoch nicht als erniedrigend, weil sie sich von Gottes Barmherzigkeit „umsorgt" wissen und ihre Handlung eine freiwillige Tat ist (→ Vorherbestimmung).

Der Islam kennt zwar eine Ursünde (nämlich die Tat des Urelternpaares), jedoch keine Erbsünde im christlichen Sinn. Im Christentum wird die Stellung des Menschen vor Gott auf der Basis von Schöpfung – Sündenfall – Erlösung reflektiert. Dem Islam sind die Begriffe Erbsünde und Erlösung von Hause aus fremd. Islamisches Glaubensdenken spannt vielmehr einen

Bogen, der mit Schöpfung – Bewährung – Vertrauen in die göttliche Barmherzigkeit angesichts des Jüngsten Gerichts umschrieben werden kann.
Nicht nur das Thema der wunderbaren Schöpfung, die für den Menschen voll von Wundern und Zeichen ist, wird in islamischen Schöpfungstexten entfaltet. Gott ist außerdem derjenige, der seine Welt erhält und sie und den Menschen in jedem Augenblick neu schafft. Adam – Prototyp des Menschen schlechthin – wird auf Befehl Gottes aus Staub, Erde, einer Trockenmasse, einem „gestaltbaren schwarzen Schlamm", in schöner, vom Schöpfer so gewollter Gestalt, ins Leben gerufen. Daraufhin haucht Gott ihm seinen Geist ein.
Der Mensch – zwischen Mann und Frau (→ Frau) besteht hier kein Unterschied – wird im Islam als ein gutes Geschöpf Gottes gesehen. Gott hat ihn beauftragt, seine Mitwelt (→ Tier; → Umwelt) nicht auszubeuten, vielmehr ökologisch verantwortlich mit ihr umzugehen. Der Mensch wird nicht als göttliches Ebenbild verstanden, weil dies eine Vermischung der göttlichen und menschlichen Ebene bedeuten würde.
Man sagt oft auf christlicher Seite wertend: Das Christentum kennt die „Sünde", der Islam nur die „Sünden". Dem Islam ist ein ausgeprägtes Sündengefühl und ein damit einhergehender trauriger Grundton im allgemeinen fremd. Das islamische Menschenbild scheint für die negativen Züge, wie sie im christlichen Sündenverständnis zum Ausdruck kommen, wenig Raum zu lassen. An der griffigen Gegenüberstellung „Sünde / Sünden" sind aber Zweifel angebracht. Zunächst erschwert das christliche Vorverständnis den sachgemäßen Zugang zu der auch im Islam vorhandenen Vorstellung einer „Unheilssituation" (nach Gustav Mensching Hauptmerkmal einer Universalreligion). Wird Sünde jedoch im biologistischen Sinne als „Erbsünde" verstanden, mit einer parallel einhergehenden Verunglimpfung der Sexualität (→ Sexualität), dann trennen Christentum und Islam Welten. Interpretiert man Sünde dagegen als Aussage über die unvermeidlich jeden Menschen betreffende, „entfremdete" Grundsituation, die ihren Ausdruck in den verfestigten Strukturen dieser Welt findet, in menschlichen Ordnungen und Institutionen, dann dürfte es Anknüpfungspunkte im Islam geben. Weil er seinen freien Willen nicht Gott-gemäß gebraucht hat, werden Adam und seine Frau aus dem Paradies (→ Paradies) verwiesen und bevölkern seither die Erde. Der Kernaussage der koranischen Adamsgeschichte liegt aber eine hoffnungsvolle Absicht zugrunde: Gott vergibt dem reuigen Sünder immer wieder. Auch wenn der Mensch Gottes gelungene Schöpfung ist und sein „Stellvertreter" auf Erden, so haben die anthropologischen

Aussagen des Korans insgesamt einen eher realistisch-düsteren Zug: Der Mensch ist zwar Gottes bestes Geschöpf und steht aufgrund seines freien Willens hoch über den Engeln (→ Engel). Doch schon die Tatsache seines Geschaffenseins weist auf seine Schwäche hin: „Der Mensch möge bedenken, aus was für einem Stoff er erschaffen ist" (86,5). Er ist von Natur aus schwach, unbeständig, unzuverlässig, kleinmütig, ungeduldig, unwissend. Er neigt zur Ungerechtigkeit und zeigt wenig Interesse, den Glauben anzunehmen. „Die Seele verlangt gebieterisch nach dem Bösen!" (12,53). Die negativen Seiten des Menschen sind also durchaus vorhanden. Doch daß die Menschheit generell „korrupt" und südig sei – eine derart weitgehende Aussage läßt sich durch den Koran nicht stützen.

Bei heutigen islamischen Denkern lassen sich zwei Denkmodelle im Blick auf die „Unheilssituation" unterscheiden: Einerseits gibt es ein Modell, das sich durch das Begriffspaar „Vergeßlichkeit" und „Erinnerung" beschreiben läßt. Eher wenige Denker sehen dagegen im „Ungehorsam" des Menschen gegen die göttliche Willenskundgebung den entscheidenden Ausdruck der menschlichen Sünde. Beide Ansätze können sich auf den Koran stützen. Die „Sündenfallgeschichte" (20,115ff.) spricht eingangs von Adams Vergeßlichkeit und Entschlußlosigkeit. Besonders die von der Mystik geprägten Muslime unterscheiden zwei fundamentale Seinsweisen des Menschen: Zwar würde kein Muslim von „Erbsünde" sprechen, dennoch hören wir vom „gefallenen Geschöpf", vom „zweiten Menschen in seiner aktuellen Bedingung" (Hasan Askari), der der Befreiung und Errettung bedarf. Solchen Überlegungen liegt das mystische Denkschema von Ureinheit – Trennung und Vielfalt – Rückführung zur Einheit zugrunde. Symptom des von seinem göttlichen Ursprung entfremdeten Menschen ist seine „Vergeßlichkeit". Er ist schwach und vergißt seine schöpfungsgemäße Anlage zum monotheistischen Glauben. Ständig bedarf er der „Erinnerung" und „Rechtleitung". Sie weckt den leichtfertigen Menschen aus seinen Tagträumereien auf, bringt ihm zu Bewußtsein, wer er eigentlich ist.

Bei genauem Zusehen läßt die Sündenfallgeschichte aber nicht nur die mangelnde Standhaftigkeit als Symptom der menschlichen Unheilssituation erkennen. Es ist nämlich in der genannten Koranstelle ebenfalls davon die Rede, daß Adam „ungehorsam" wurde und „in Sünde verfiel" (20,121).

Eine Reihe islamischer Apologeten geht weniger auf die realistisch-düsteren Aspekte des koranischen Menschenbildes ein. In bewußter Kontrastierung zum christlich gedeuteten Menschenbild, dessen Erbsündenlehre als negativ und versklavend empfunden wird, hebt man den Gedanken des Stellvertretertums Gottes hervor. Der Mensch wird als prinzipiell in der Lage gesehen, sich immer fortschrittlicher und besser zu entwickeln und eine ideale Gesellschaftsordnung zu entwickeln.

MENSCHENRECHTE

So wie manche christliche Theologen und abendländische Denker in der Erklärung der Menschenrechte eine direkte Auswirkung christlicher Vorstellungen und Prinzipien sehen, vertreten einige Muslime die Ansicht, daß diese und ähnliche Ideen auch in ihrer Tradition vorhanden seien. Sie betonen, daß das Bemühen um Freiheit, Gleichheit und Gerechtigkeit nicht erst seit der Neuzeit im christlichen Europa und in den USA einsetzte, sondern daß auch Muslime von jeher für diese Werte gekämpft hätten. Man wehrt sich also gegen den auch in anderen Bereichen anzutreffenden Eurozentrismus (→ Kolonialismus), der davon ausgeht, daß alle fortschrittlichen geistigen und technischen Errungenschaften ihren Ursprung im christlichen Abendland hatten.
Andererseits hat der unverkennbare Niederschlag vorislamischer und frühislamischer Rechtspraxis in einem Teil der islamischen Strafjustiz (→ Strafrecht) dazu geführt, daß dem Islam eine mangelnde Sensibilität für die Menschenrechte nachgesagt wird. Die alltägliche Praxis mancher Gesellschaften, die sich als islamisch ausgeben, verstärkt diesen Eindruck. Hinzu kommt, daß in den meisten Verfassungen islamischer Länder die Menschen- und Grundrechte zwar theoretisch verankert sind, in der Praxis jedoch oft dagegen verstoßen wird, weil die Demokratisierung nicht genügend weit fortgeschritten ist.
Es ist zutreffend, daß der Koran (→ Koran) den Ursprung aller Rechte auf Gott (→ Gott) zurückführt und daher den bekannten Grundsatz der Aufklärung: „Der Mensch ist das Maß aller Dinge", nicht teilt. Dennoch hat schon der Koran, wie 1981 auf einer Internationalen Gelehrtenkonferenz in Paris herausgefunden wurde, nicht weniger als 20 grundlegende Menschenrechte formuliert:
Das Recht auf Leben, Würde und Freiheit des Menschen, auf Schutz gegen Übergriffe und Mißhandlung, das Recht auf Asyl, Minderheitenschutz, Hausfrieden, soziale Sicherheit und Arbeitsschutz sowie auch (mit Einschränkungen) Glaubensfreiheit.

Beispiele:

- Menschenwürde: „Wir haben Adams Kinder Würde verliehen" (17,70).
- Schutz des menschlichen Lebens: „Wenn ein Mensch einen anderen tötet, so bedeutet das genausoviel, als ob er alle Menschen getötet hätte. Und wenn einer einen Menschen am Leben erhält, so bedeutet das genausoviel, als ob er alle Menschen am Leben erhalten hätte" (5,32).
- Recht auf Leben, Freiheit und Sicherheit: „Euren Eltern sollt ihr Gutes tun; ihr sollt eure Kinder nicht aus Furcht vor Armut (→ Armut) töten; denn wir wollen schon für euch und für sie Sorge tragen. Ihr sollt euch nicht den schändlichen Verbrechen nähern, weder öffentlich noch geheim. Ihr sollt nach göttlichem Verbot niemanden töten, da Gott das Leben unverletzlich machte, es sei denn die Gerechtigkeit erfordert es" (6,151).
- Verbot von Foltern und grausamen Strafen: „Niemand soll durch Feuer gezüchtigt werden" (Bukhari II: Kapitel „Unterdrückung, Absatz: Hilf deinem Bruder).
- Sicherung des Lebens und der Versorgung: „Es ist dafür gesorgt, daß du nicht zu hungern und nackt zu sein brauchst und nicht durch Durst oder Hitze zu leiden hast" (20,118).
- Willkürliche Einmischung in den privaten Bereich: „Gläubige, betretet keine fremden Häuser, ohne zu fragen, ob ihr gelegen kommt. Und wenn ihr niemanden antrefft, so tretet nicht ein" (24,27f.).
- Freiheit der Bewegung und der Wahl des Wohnsitzes: „Geht doch über die Erde hin und seht, wie Gott Geschöpfe hervorbrachte und die Schöpfung immer wieder von neuem hervorruft" (29,20).
- Asylrecht: „Und wer wegen der Religion Gottes auswandern muß, der wird manchen auf Erden zu demselben gezwungen sehen und doch hinlänglich versorgt finden" (4,101).
- Zum Arbeitsrecht: „Der Prophet sagte: ‚Gott möchte, daß jeder die von ihm zu verrichtende Arbeit gut macht'" (Überlieferung).
- „Gott verlangt von niemandem mehr, als er leisten kann" (7,42). Und: „Jeder wird danach eingestuft, was er getan hat" (6,132).
- Recht auf Besitz und Verpflichtung durch Besitz: „O die ihr glaubt, spendet von dem, womit wir euch versorgten, bevor ein Tag kommt" (2,254).

Kritisch ist anzumerken, daß die Koranverse und Überlieferungen (→ Hadith) aus ihren literarischen und geschichtlichen Zusammenhängen herausgelöst wurden und daß es sich weniger um die Formulierung universaler

Menschenrechte als um situative ethische Aufforderungen handelt (→ Ethik).

Ins Kreuzfeuer westlicher Kritik ist die Frage der Glaubensfreiheit und Todesstrafe geraten, nicht zuletzt unter dem Eindruck der Rushdie-Affäre. In 2,256 heißt es: „Es gibt keinen Zwang im Glauben". Jedoch wurde dieses Prinzip islamischer Toleranz hauptsächlich auf den Bekehrungsverzicht von Juden und Christen und später auch anderer Religionsgemeinschaften (→ Schriftbesitzer) angewandt. Unbestreitbar hat das islamische Recht dazu beigetragen, die Religion des Propheten zu einer der tolerantesten Religionen der vorindustriellen Ära werden zu lassen, vor allem was Minderheiten betrifft. Ali, der Schwiegersohn Mohammeds und 4. Kalif schrieb zum Beispiel an Malik ibn-Harith anläßlich seiner Ernennung zum Gouverneur von Ägypten: „Möge dein Herz den Einwohnern deiner Provinz gegenüber mit Barmherzigkeit und Liebe erfüllt sein! In den Bürgern, die an Gott glauben, sollst du Brüder gemäß dem Glauben sehen. Jene aber, die nicht glauben, sollst du als deinesgleichen gemäß der Schöpfung behandeln."

Bei dem Recht auf Glaubensfreiheit handelt es sich jedoch nicht um ein innerislamisches Recht. Wenn auch nicht im Koran verankert, so wird entsprechend dem islamischen Recht ein vom Islam abgefallener Mann mit dem Tode und eine Frau mit Gefängnis bestraft. Diese Strenge ist aus der Konfrontation des Islam mit einer feindlichen Welt, wie sie in der Frühgeschichte des Islam bestand, verständlich. Glaubensabfall war damals eine Art Fahnenflucht oder ein Verrat an der Gemeinschaft, die um ihre nackte Existenz kämpfte. Eigentlich hat diese strafrechtliche Strenge in der heutigen Situation ihre Bedeutung verloren, was aber gerade im Zuge der Re-Islamisierung (→ Re-Islamisierung) anders gesehen wird.

Dieser Grundgedanke, die islamische Gemeinschaft durch das Verbot des Glaubensabfalls zu schützen, hat dazu geführt, daß es bis heute einer muslimischen Frau untersagt ist, mit einem nichtmuslimischen Partner eine Ehe einzugehen, weil dieser den göttlichen Auftrag Mohammeds negiert, was leicht zu gegenseitiger Entfremdung der Ehepartner, zu Streit und Familienzerfall führen könne. Diese Begründung ist fragwürdig, weil einem Muslim umgekehrt gestattet ist, eine Jüdin oder Christin zu heiraten. Die Einstellung zu dieser Frage zeigt, daß der Mann als der prägende, bestimmende Faktor betrachtet wird, man also von patriarchalischen Verhältnissen ausgeht (→ Ehe;→ Frau). Was die Todesstrafe betrifft, so kann man generell sagen, daß die Mehrzal der Muslime keine Bedenken sieht, diese bei bestimmten Vergehen anzuwenden (→ Strafrecht).

MEVLID KANDILI

Der „Geburtstag des Propheten" gehört zu den „fünf heiligen Nächten" (→ Fünf Heilige Nächte). Man begeht diesen Tag mit besonderen Zusammenkünften und gedenkt des Propheten mit Lobpreisungen und Erzählungen über besondere Ereignisse seines Lebens. Dieses Fest ist erst neueren Datums und wird in Anlehnung an das Weihnachtsfest begangen. Insgesamt hat das Feiern von Geburtstagen (→ Geburtstag) keine islamische Tradition.

MIRADSCH KANDILI

Fest der nächtlichen Himmelsreise des Propheten (→ Mohammed), eine der „fünf heiligen Nächte" (→ Fünf heilige Nächte) des Islam. Viele Muslime veranstalten besondere Zusammenkünfte, bei denen Vorträge über das Leben Mohammeds gehalten werden.

Im Koran wird folgendermaßen auf die „Nachtreise" angespielt:

„Preis sei dem, der des Nachts seinen Knecht von der heiligen Kultstätte zur entferntesten Kultstätte reisen ließ, deren Umgebung wir gesegnet haben! Wir wollen ihn von unseren Wunderzeichen schauen lassen!" (17,1)

Hier wird Gott gepriesen, der seinen „Abd" (Diener oder Knecht) von Mekka (→ Mekka) nach Jerusalem (→ Jerusalem), wie die „entfernteste Kultstätte" meist gedeutet wird, reisen ließ. Detaillierteres weiß der Prophetenbiograph Ibn Ishaq zu überliefern, der Mohammeds „Nachtreise" wie auch seine unmittelbar darauf folgende „Himmelsreise" erzählt, die in der Tradition oft miteinander verbunden werden:

„Dem Propheten wurde der Buraq gebracht. Dies ist das Reittier, auf dem auch die Propheten vor ihm geritten waren und das seinen Huf bei jedem Schritt so weit setzt, wie sein Blick reicht. Er wurde auf das Reittier gehoben, und Gabriel begleitete ihn, wobei er die Wunder zwischen Himmel und Erde sah, bis er nach Jerusalem gelangte. Da traf er Gottes Freund Abraham, Mose und Jesus inmitten anderer Propheten, die sich für ihn versammelt hatten, und betete mit ihnen."

Einer anderen Überlieferung zufolge schlief Mohammed in der Kaaba (→ Mekka) und wurde von Gabriel auf Buraq gesetzt, der mit ihm zusammen die Nachtreise nach Jerusalem unternahm. Vor allem aber um die „Himmelsreise" des Propheten, die alljährlich am 27. Radschab, dem siebten islamischen Monat (→ Kalender) gefeiert wird, hat sich eine ausgedehnte Literatur entwickelt.

„Nachdem ich in Jerusalem gebetet hatte, wurde mir eine Leiter gebracht, so schön, wie ich noch nie etwas gesehen hatte. Es war die Leiter, auf die die Todgeweihten ihre Augen richten, wenn das Ende naht. Gabriel ließ mich auf ihr hinaufsteigen, bis er mich zu einem der Himmelstore brachte, das man das Hütertor nennt." Mohammed steigt den siebenfach geschichteten Himmel hinauf und begegnet auf jeder Himmelsebene einem seiner Prophetenvorgänger: Adam (→ Adam), die beiden Vettern Jesus (→ Jesus) und Johannes, Joseph, Idris, Aaron, Moses (→ Moses), schließlich im sechsten Himmel den „Vater Abraham" (→ Abraham). Schließlich betritt der Gesandte den siebten Himmel und sieht im Paradies (→ Paradies) Gott von Angesicht zu Angesicht. Gott erlegt den Muslimen täglich 50 Gebete (→ Gebet, rituelles) auf; auf Anraten Moses handelt der Prophet sie jedoch auf fünf herunter. „Damit ist die Himmelsreise zunächst einem sehr praktischen Zweck gewidmet, der aber in späteren Versionen der Legende nicht mehr so stark im Vordergrund steht oder durch andere Ereignisse ergänzt bzw. ersetzt wird" (A. Schimmel). Ob man die Himmelsreise als ein körperliches oder visionäres Ereignis zu verstehen habe, war Thema theologischer Auseinandersetzungen. In der persischen und persisch beeinflußten Dichtung wurde die Himmelsreise „mit immer neuen fantastischen Bildern beschrieben". Zunehmend trat jedoch das Motiv der Leiter gegenüber dem mythischen Fabelwesen, der Stute Buraq, in den Hintergrund, einem Tier, größer als ein Esel und kleiner als ein Pferd mit Frauenkopf und Pfauenschweif. In immer neuen Variationen war die Reise auf dem Buraq Thema islamischer Miniaturmalerei.

Besonders beliebt war die nächtliche Himmelsreise bei den Mystikern. Wie einige Mystiker die „Hidschra" des Propheten von Mekka nach Medina als Symbol für die innere Auswanderung der Seele zur göttlichen Heimat und von dort wieder zurück betrachteten, so wurden auch Himmelsleiter und Himmelsreise als Bilder für den inneren Aufstieg gedeutet. Auf die nächtliche Himmelsreise wird von den Mystikern gern Sure 53,17 gedeutet; denn die Aussage, daß Muhammads Blick „nicht abwich", wird als Ausdruck seiner vollkommenen Konzentration auf Gott gedeutet. Der frühe nordiranische Mystiker Bayezid Bistami (gestorben 874) gilt mit seinen visionären Schilderungen des Himmelsfluges als der erste, der die Himmelfahrtssymbolik aus der Miradsch-Literatur für das mystische Aufstiegserlebnis verwendet (vgl. Udo Tworuschka: Sucher, Pilger, Himmelsstürmer. Reisen im Diesseits und Jenseits, Stuttgart 1991).

MOHAMMED

Mohammed wurde um 570 nach Chr. in Mekka (→ Mekka) geboren und gehörte der angesehenen Sippe der Haschimiten vom Stamm der Quraischiten an. Mohammeds Vater, Abdallah, starb noch vor der Geburt seines Sohnes, und die Mutter Amina, als Mohammed sechs Jahre alt war. Er wurde kurze Zeit von seinem Großvater Abd al-Muttalib erzogen, dann von seinem Onkel Abu Talib, der ihn auf eine Geschäftsreise mitnahm. Im Alter von 25 Jahren lernte der Kaufmann Mohammed die wohlhabende Kaufmannswitwe Chadidscha kennen, deren Handelsgeschäfte er zuverlässig wahrnahm. In Mekka war Mohammed bekannt als der „Al-Amin" (der Zuverlässige, Treue). Die wesentlich ältere Chadidscha heiratete Mohammed. Dieser bewahrte ihr immer eine tiefe Zuneigung und nahm, solange sie lebte, keine andere Frau. Aus der Ehe gingen sieben Kinder hervor, von denen allerdings nur eine Tochter, Fatima, am Leben blieb und selber Nachkommen hatte.

Der Wendepunkt in Mohammeds Leben trat ungefähr im Alter von 40 Jahren ein (um 610). Mohammed fing an, intensiver nach dem Sinn des Lebens zu fragen, und nahm an dem oberflächlichen Treiben und unsozialen Verhalten der mekkanischen Gesellschaft Anstoß. Denn manche reichen Kaufleute nutzten ihre Macht aus und übervorteilten die sozial Schwachen. Dadurch gerieten viele Menschen in Not. Periodisch zog sich Mohammed zu einsamen Andachtsübungen am Berge Hira zurück. Dort erhielt er von einem himmlischen Boten den Auftrag: „Stehe auf und warne!" Die Menschen sind von Gott abgefallen, und das Jüngste Gericht (→ Paradies) steht bevor. Nach dem Erlebnis auf dem Berge Hira kamen die Offenbarungen regelmäßig zu Mohammed. Bald darauf fing er an, seine mekkanischen Mitbürger zu ermahnen und vor dem baldigen Gericht Gottes zu warnen. Hauptinhalte seiner Predigt in dieser Zeit waren der Glaube an den barmherzigen Schöpfergott und der Aufruf zu einem besseren Lebenswandel angesichts des nahe bevorstehenden Gerichts.

Zunächst fand die Botschaft wenig Anklang. Seine ersten Anhänger waren Chadidscha und sein junger Vetter Ali (→ Ali). Anschließend folgten ihm zu einem großen Teil jüngere Leute aus vornehmen, teils auch aus weniger einflußreichen Familien. Auch Angehörige der unteren sozialen Schichten, wie zum Beispiel freigelassene Sklaven, schenkten ihm Gehör. In den Folgejahren nahm der Widerstand in Mekka auf eine Weise zu, daß Mohammed mit über 100 Anhängern nach Abessinien reiste. Der Hauptgrund für

die Ablehnung des Propheten ist in der wichtigen Rolle der Stadt Mekka zu sehen, die zugleich Handelsmetropole und religiöses Zentrum war. Mohammeds Predigt bedrohte den Vielgötterkult und die Wallfahrtsfeste, die sich um das mekkanische Heiligtum, die Kaaba (→ Kaaba), konzentrierten und den führenden Familien wirtschaftliche Vorteile brachten.
Nach der Rückkehr aus Abessinien nahmen die Verfolgungen in Mekka noch größere Ausmaße an. Die Mekkaner bestritten die Echtheit von Mohammeds göttlicher Sendung und warfen ihm vor, er sei nur ein Dichter, der unter dem Einfluß von Dämonen stünde, und ein Besessener, der nicht Gottes-, sondern Menschenwort verkünde.
Mohammed lehnte die Aufforderung ab, wie andere Propheten die Echtheit seiner Sendung durch Wunder zu bestätigen. Er entgegnete, daß nur Gott die Macht besitzt, Wunder zu tun. Propheten könnten nur „mit Gottes Erlaubnis" Wunder wirken. Außerdem ließen sich verstockte Menschen auch nicht durch Wunder zum Glauben bringen.
Als die Lage in Mekka unerträglich wurde, siedelte der Prophet auf die Aufforderung einiger Stämme hin, die einen Friedensrichter suchten, im Jahre 622 nach Chr. nach Yathrib über, das später Madinat an-Nabi („Stadt des Propheten"), kurz: Medina (→ Medina), genannt wurde. Das Jahr 622, das Jahr der Hidschra (Auswanderung, Exil; nicht: Flucht) wurde zum Beginn der islamischen Zeitrechnung. Nachdem Mohammed die beiden sich befehdenden Stämme vereint hatte, bekannte sich ein großer Teil der Bevölkerung zu seiner neuen Lehre. Einige zögerten allerdings noch und bezweifelten die Echtheit seiner Sendung.
Vor allem die Juden (→ Schriftbesitzer; → Toleranz), die teilweise durch wirtschaftliche Abkommen an die Mekkaner gebunden waren, ließen sich nicht von der von Mohammed behaupteten Übereinstimmung der beiden Religionen überzeugen. Zwei jüdische Stämme wurden zur Auswanderung gezwungen, ein anderer vernichtet und die Frauen und Kinder versklavt. Nach der Auseinandersetzung mit den Juden änderte Mohammed die Gebetsrichtung (→ Gebet, rituelles) von Jerusalem (→ Jerusalem) nach Mekka, wo nach der Überlieferung der Stammvater aller Gläubigen, Abraham (→ Abraham), mit seinem Sohn Ismail die Kaaba erbaut hatte.
In der medinensischen Phase zeigte sich Mohammed weniger als religiös inspirierter Gerichtsprediger, vielmehr als Staatsmann und Politiker. Neben der Erfüllung seiner religiösen Aufgaben ging es ihm darum, für seine Mitauswanderer und die neuen Verbündeten ein gemeinsames Leben in gutem Einvernehmen zu sichern. Denn das Ausscheiden der jungen musli-

mischen Gemeinde aus dem mekkanischen Stammesverband war für die damalige Zeit ein folgenschwerer Schritt. Daher erließ er 623 die Gemeindeordnung von Medina. Die in dieser Zeit geoffenbarten Suren beschäftigen sich zunehmend mit Fragen des sozialen Zusammenlebens.
Die Mekkaner blieben weiterhin erbitterte Gegner. Im März 624 errang ein kleiner Trupp von Muslimen einen strahlenden Sieg bei Badr, dem aber bald eine bittere Niederlage in der Nähe des Berges Uhud folgte. Bald darauf griffen die Mekkaner Medina an, konnten die Stadt aber nicht erobern. Im Jahre 628 versuchte der Prophet, eine Wallfahrt (→ Wallfahrt) nach Mekka zu unternehmen, wurde aber von den Mekkanern abgewiesen. Diese erklärten sich jedoch bereit, eine zehnjährige Waffenruhe zu vereinbaren. Der Waffenstillstandsvertrag mit den Mekkanern wurde jedoch nicht eingehalten. Daher zog Mohammed anläßlich eines Beduinenstreits 630 nach Mekka, wo ihm nur wenig Widerstand geboten wurde. Bis auf einige Ausnahmen wurden die Mekkaner mit unerwarteter Milde behandelt, so daß sie sich zu einem großen Teil zum Islam bekehrten. Mohammed zerstörte die Götterbilder in der Kaaba, behielt diese aber als Heiligtum bei. 632 starb Mohammed als Führer fast der gesamten arabischen Halbinsel.
Mohammed betonte stets, daß er nichts sein wollte als ein normaler Mensch und Diener, dem die Schrift geoffenbart wurde. Aus diesem Grunde wehren sich die Muslime auch gegen die Bezeichnung „Mohammedaner". Eine solche Formulierung legt ja tatsächlich nahe, Mohammeds Stellung im Islam sei der Jesu Christi (→ Jesus) im Christentum vergleichbar.
Dennoch gibt es im Koran Stellen, die auf Mohammeds überdurchschnittliche Bedeutung hinweisen. Er ist als „Barmherzigkeit" für die Welten gesandt (21,107); Gott und die Engel segnen ihn (33,56); und „er ist wahrlich von edler Natur" (68,4). Die spätere Verehrung des Propheten findet u.a. ihre Begründung in der mehrfach im Koran wiederholten Anweisung: „Gehorchet Gott und seinem Gesandten!" (8,1 u.ö.) Im Volksglauben entwikkelte sich sogar der Brauch, zu Mohammed zu beten und ihn darum zu ersuchen, bei Gott Fürbitte einzulegen. Die Mohammedverehrung des Volkes ging und geht oft so weit, daß sie den islamischen Grundgedanken, daß nicht ein Mensch, sondern Gott im Mittelpunkt steht, beeinträchtigt.
Wie das Leben der anderen großen Religionsstifter wurde Mohammeds Biographie von Legenden umrankt: Seine Geburt wird von Wunderzeichen begleitet. Der Palast des persischen Herrschers erzittert, ein See trocknet aus, und ein wunderbares Licht dringt aus der Brust seiner Mutter bis nach Syrien. Die Sterne neigen sich tief zur Erde herab. Eine Heilszeit bricht

an. Engel erscheinen auf Erden und verkünden die Geburt. Während seiner Kindheit beschatten sie den Propheten und reinigen sein Herz. Ein christlicher Mönch, dem der junge Mohammed auf einer Handelsreise begegnet, weissagt dessen künftige Bedeutung. Mohammed unternimmt zu Lebzeiten eine Himmelsreise (→ Miradsch Kandili). Die Muslime ehren und verehren Mohammed. Man nennt oder schreibt seinen Namen nie, ohne hinzuzufügen: „Gott spreche Heil und Segen über ihn." Man schwört bei seinem Namen und benennt mit Vorliebe die eigenen Kinder nach ihm. Eine Verunglimpfung und Beleidigung des Propheten, wie sie im Hintergrund der Affäre um Salman Rushdies Buch „Satanische Verse" stand, gilt als schweres Verbrechen. In Anlehnung an das Christentum wird auch der Geburtstag des Propheten (→ Geburtstag) feierlich begangen.
Sehr bald nach dem Tode Mohammeds wurden seine Lebensweise und Aussprüche zur Richtschnur für die Gläubigen. Ein bekanntes Prophetenwort lautet: „Wer mir nachfolgt, ist von mir, und wer meine Sunna nicht liebt, ist nicht von mir." Je mehr das „goldene Zeitalter" des Frühislam in die Vergangenheit rückte, um so mehr stieg das Interesse der Gläubigen, den Propheten bis in das kleinste Detail nachzuahmen. Mohammed wurde in verschiedenen Bereichen als Vorbild und Lehrer empfunden, weil er die von ihm verkündete Botschaft auch selber praktisch vorgelebt hatte.
Die Bedeutung Mohammeds ist auch in der islamischen Mystik besonders groß. Seine Himmelfahrt wird als Vorbild für den inneren Aufstieg der menschlichen Seele zu Gott gedeutet. Selbstverständlich besitzt der Prophet auch im politischen Bereich Vorbildcharakter. Er ist das Ideal des gerechten charismatischen Führers. Eine Reihe heutiger islamischer Denker betrachtet Mohammed als Sozialreformer, manche sogar als Sozialisten – mindestens aber als Verfechter einer gerechteren Gesellschaftsordnung. Er gilt als Kritiker der mekkanischen Gesellschaft, die ohne Rücksicht auf religiöse Gebote einseitig am Profitstreben interessiert war. Aus diesem Grunde setzte er sich für die unterprivilegierten Schichten, wie etwa die Sklaven, ein. Die Muslime in aller Welt sollen diesem Beispiel Mohammeds nacheifern und gegen Unterdrückung, Verfolgung und ungerechte Systeme kämpfen. In seinem Namen sollen sie politische Willkür und die ungerechte Verteilung von Besitz ablehnen und sich aktiv für Brüderlichkeit und Solidarität einsetzen. Zu erwähnen sind u.a. Abd ar-Rahman asch-Scharqawis Schrift „Mohammed, der Prophet der Freiheit" (1962) sowie Mahmud Schalabis „Der Sozialismus Mohammeds" (1966) und Chalid Muhyi ad-Dins „Mohammed und die soziale Gerechtigkeit" (1972).

MOSCHEE

Moschee stammt vom arabischen Wort „Masdschid“ ab, d.h. „der Ort, an dem man zum Gebet niederfällt“. Schon zu Mohammeds (→ Mohammed) Lebzeiten wurde das Wort auf die Bauten angewandt, wo man Gott (→ Gott) verehrte und sich zum öffentlichen und privaten Gebet (→ Gebet, rituelles) zusammenfand. Die erste Moschee nach der Kaaba wurde in Medina (→ Medina) errichtet. Im Laufe der Geschichte entwickelte sich der Moscheebau zu einer eigenen Kunst. Es lassen sich je nach Epoche und Ort verschiedene Typen von Moscheen unterscheiden.
Jeder bedeutendere Ort besitzt zumindest eine Freitagsmoschee und zahlreiche andere kleinere Gebetsstätten. Jede größere Moschee besitzt einen in Richtung Mekka (→ Mekka) zeigenden „Mihrab“ (Gebetsnische), einen „Minbar“ (Kanzel), häufig eine „Dakka“ (Ort, von dem der Muezzin / Gebetsrufer seinen Gebetsruf erschallen läßt), eine „Rahla“ (Koranständer) und einen Brunnen oder eine andere Waschanlage für die notwendige rituelle Reinigung der Gläubigen.
Das Innere der Moschee ist mit Matten und kostbaren Teppichen ausgestattet. Bilder und Kunstgegenstände sind verboten (→ Bilderverbot), dafür ist jedoch kunstvolle Kalligraphie vorhanden. Die meisten Moscheen besitzen ferner einen oder mehrere „Minarette“ (Türme). Als Stätte des Gebets und der inneren Einkehr darf die Moschee nicht mit Schuhen betreten werden. Sie ist zwar kein heiliges, geweihtes Gebäude, strahlt aber dennoch den Charakter von Heiligkeit aus.
Darüber hinaus sind besonders die Freitagsmoscheen als Hauptmoscheen Zentren des gesellschaftlichen Lebens. Zeitweilig beherbergte die Moschee die öffentliche Verwaltung. Nicht selten befanden sich auch Apotheke und Armenküche in ihrer unmittelbaren Nähe. Die Moschee kann auch Gerichtsort und Unterrichtsstätte sein. Als Ort der religiösen Unterweisung genießt heutzutage insbesondere die Al-Azhar-Universität (→ Azhar-al) in Kairo besondere Bedeutung.

MOSES

Moses (Musa) ist ein sehr wichtiger Prophet und Gesandter im Koran (→ Koran). In rund 40 Suren (insbesondere in den Suren 2, 7, 17, 20,26, 28) wird er erwähnt, zum Teil in fortlaufenden Erzählungen. Am häufigsten wird sein Auftreten vor dem Pharao geschildert. Erzählt werden: Moses Geburt und Rettung; seine Flucht nach Midian und spätere Heirat; die Gottesbegegnung und Sendung; Moses und Aaron vor Pharao; die ägyptischen Plagen; Auszug aus Ägypten; Errettung am Schilfmeer; Bewahrung in der Wüste; Ereignisse am Sinai und Empfangen der göttlichen Gebote; Tanz um das „Goldene Kalb" und die Erkundung des Landes; die Rotte Korah.

Vom Typus her wird Moses gesehen als Prophet (→ Propheten und Gesandte), der von Gott berufen und mit einer monotheistischen Botschaft betraut wird. Er gerät in große Bedrängnis und wird durch die Vernichtung seiner Feinde geretttet. Außerdem gilt er als großer Führer der Israeliten und als Gesetzesempfänger und -verkünder.

MUFTI

Ein Mufti ist ein Gelehrter, der in Rechtsgutachten (→ Fetwa) Fragen religiös-rechtlicher Natur behandelt. Das Amt, das bereits im 8. Jahrhundert gegründet wurde, erreichte zur Zeit der Osmanen (→ Osmanisches Reich) eine solche Autorität, daß europäische Reisende es als „türkisches Papsttum" beschrieben. Die Fragen, die an einen Mufti gerichtet werden, sind weniger theologisch-theoretischer Natur, sondern behandeln im wesentlichen praktische Alltagsfragen. Heute hat jedes islamische Land eigene Muftis. Im Libanon ist der „Mufti der Republik" der Vorsteher der islamischen Glaubensgemeinschaft.

MULLAH

Titel des rangniedrigsten Geistlichen bei den Schiiten (→ Schiiten), etwa mit unserem Gemeindepfarrer vergleichbar.

MUSLIMBRÜDER

Eine von Hassan al-Banna 1928 gegründete fundamentalistische (→ Fundamentalismus) Organisation mit stark sozialem Charakter und zum Teil eigenen genossenschaftlich geführten Betrieben, die zunächst in Ägypten und später auch in Syrien großen Einfluß hatte, inzwischen jedoch verboten ist. Nasser bediente sich zunächst ihrer Hilfe. Sie gerieten aber zunehmend in Konflikt zu seiner Ideologie.

N

NACHT DER BESTIMMUNG

Sie gehört zu den „fünf heiligen Nächten" (→ Fünf heilige Nächte) des Islam und wird oft in der 27. Nacht des Fastenmonats Ramadan (→ Fasten) gefeiert. Die türkische Bezeichnung lautet „Kadir Gecesi". Dabei wird der Offenbarung der ersten fünf Verse des Korans (Sure 96) an Mohammed gedacht.

NACHT DER SICHTUNG

In dieser Nacht, die auch zu den „fünf heiligen Nächten (→ Fünf heilige Nächte) gehört, wird der Beginn des Fastenmonats Ramadan gefeiert (→ Fasten), wenn die Sichel des Neumondes zum ersten Mal gesichtet wird. Das ist in den einzelnen islamischen Ländern nicht zum selben Zeitpunkt der Fall, so daß sich unterschiedliche Daten ergeben. In manchen Ländern wird der Zeitpunkt astronomisch festgestellt, in anderen ist eine „Sichtung" des Neumondes vorgeschrieben. Zu diesem Zweck werden bei bedecktem Himmel Flugzeuge über die Wolken entsandt.

NEUJAHR

Muslime beginnen ihre Jahreszählung mit dem Jahr der „Hidschra" (H): der „Auswanderung" (nicht: Flucht) des Propheten Mohammed (→ Mohammed) aus seiner Heimatstadt Mekka (→ Mekka) nach Medina (→ Medina) 622 nach Chr. Derzeit befindet sich die islamische Welt im Jahr 1411 H, das mit dem 1. Muharram (24. 7. 1990) begonnen hat. Das muslimische Jahr ist ein reines Mondjahr, zählt 12 Monate zu 29 / 30 Tagen. Weil das Mondjahr kürzer ist als das Sonnenjahr, verschiebt sich der islamische Kalender (→ Kalender) jedes Jahr gegenüber unserem um ca. 11 Tage. Neujahr 1412 H ist der 12. 7. 1991. Der Iran und von ihm abhängige Kulturen begehen das Neujahr stets am Frühlingsanfang (21. 3.). Das große, nichtreligiöse Fest wird eine Woche bis 13 Tage lang gefeiert.

O

OPFERFEST

Dieses Fest (türk. Kurban Bayram; arab. Id al-Adha) ist das höchste islamische Fest. Es dauert vier Tage. Besonders gefeiert werden dabei die Hingabe

des Menschen (→ Mensch) an Gott (→ Gott) und Gottes Barmherzigkeit. Anlaß zu diesem Fest ist die im Alten Testament und im Koran (→ Koran) vorkommende Geschichte, in der Gott Abraham (→ Abraham) auffordert, seinen Sohn Ismail (Isaak) als Zeichen des Gehorsams zu opfern. Im letzten Augenblick verzichtet Gott allerdings auf das Opfer des Kindes und schickt ein Schaf an seine Stelle. In Erinnerung daran kaufen viele muslimische Familien, die es sich leisten können, ein Schaf zu diesem Fest, das nach den religiösen Regeln geschlachtet und gemeinsam verzehrt wird. Ein Drittel des Fleisches erhalten Bedürftige, ein weiteres Drittel die Verwandtschaft. Das gemeinsame Festmahl ist der eigentliche Höhepunkt. Neben dem Fleisch werden vielfach Pilav (= Reis), Gemüse, Salat und Apfelsüßspeise gereicht.
Darüber hinaus besucht man gemeinsam die Moschee (→ Moschee) und liest im Koran (→ Koran). Es werden auch Geschenke verteilt. Viele Muslime bringen an diesem Tag ein finanzielles Opfer: bis zu 10 % ihres Jahreseinkommens; denn schließlich ist ihr Reichtum ja auch eine Gabe Gottes. Die finanziellen Gaben werden für arme Familien, karitative Einrichtungen, Behinderte u.a. verwendet. Manche übernehmen auch die Ausbildung eines armen Verwandten oder anderer Bedürftige. In islamischen Ländern bleiben Schulen und Behörden geschlossen.

OSMANISCHES REICH

Im 14. Jahrhundert verdrängten die Osmanen die Seldschuken aus Kleinasien, die dort fast 300 Jahre geherrscht hatten. Die Osmanen bildeten das letzte islamische Großreich. Ursprünglich handelte es sich bei den Osmanen um türkische Nomaden, die vor den Mongolen nach Westen geflohen waren. Dank der dauerhaften militärischen und verwaltungstechnischen Organisation ihres Staates und einer ausgeprägten Kontinuität in der Führung gelang es ihnen, ein sehr großes Gebiet jahrhundertelang zu verwalten. Früh bildeten die Sultane eine auf sie eingeschworene eigene Elitetruppe aus jungen Christen (die sogenannten Janitscharen), die durch Knabenlese der Reichsbevölkerung entnommen wurden. Hauptstädte des Reiches waren zunächst Bursa, dann Edirne und Istanbul.
Die Osmanen drangen bis nach Europa vor. Murad I. (1362-1389) eroberte Teile Serbiens, Bosniens und Bulgariens, während Beyazid I. (1389-1402) Feldzüge bis nach Thessalien und zur Donau unternahm. Venedig, der Papst und Byzanz stellten ein europäisches Heer gegen ihn zusammen, das

er bei Nikopolis schlug (1396). Nach dem osmanischen Vormarsch in Europa kam es 1402 zu Zusammenstößen mit Timur an der östlich-islamischen Front. Mehmed I. (1413-1420) und seinem Sohn Murad II. (1420-1451) gelangen sowohl die Konsolidierung des Reiches als auch die Eroberung Konstantinopels (1453), Serbiens (1459), Bosniens (1463), verschiedener Städte in Anatolien sowie wichtige Gebiete der Genueser, wie die Moldau (1455) und die Krim (1475). Selim I. (1512-1520) konnte durch seinen Sieg über die Safawiden und Mamluken (1516/17) Syrien und Ägypten in sein Reich einverleiben. Franz I. von Frankreich verbündete sich mit Süleyman dem Prächtigen (1520-1566), der durch die Eroberung Ungarns (1526) zum Nachbarn des Habsburgerreiches geworden war. Gegen dieses osmanisch-französische Bündnis bemühten sich Ferdinand und Karl V. um eine habsburgisch-safawidische Verbindung, der jedoch nicht viel Erfolg beschieden war. Indirekt unterstützte Süleyman sogar den Protestantismus, dem die ständige Türkengefahr Möglichkeiten bot, den Habsburgern Zugeständnisse abzutrotzen.
Unter Süleyman kam es zu prächtigen Bauten von Moscheen (→ Moschee), Schulen, Bibliotheken, Krankenhäusern, Bädern und Armenküchen. Im sogenannten Milletsystem, das den nichtmuslimischen Minoritäten Selbstverwaltung in eigenen religiösen und rechtlichen Angelegenheiten zubilligte, fanden die besiegten Völker die Möglichkeit, ihre religiöse und kulturelle Identität zu bewahren.
Obwohl einige weitere Eroberungen glückten, setzte nach Süleyman der allmähliche Niedergang des Osmanischen Reiches ein. Die Kosten der Feldzüge wuchsen ins Unermeßliche. Eine fehlende Wirtschaftspolitik ließ drastische Steuererhöhungen als notwendig erscheinen, was u.a. zur Landflucht führte. Diese Verhältnisse zeigten schon bald militärische Konsequenzen. Die Zweite Belagerung Wiens (1683) scheiterte, und nach dem Frieden von Karlowitz (1699) ging Ungarn verloren. Dank der Rivalität der europäischen Mächte konnte das Reich ein weiteres Jahrhundert bestehen. Danach war der Niedergang nicht mehr aufzuhalten.
Griechenland, Serbien, die Moldau und die Walachei wurden unabhängig (1829). Schon vorher hatte Selim II. (1798-1806) Reformversuche unternommen, um das Heer neu zu organisieren und die bestehenden Mißstände abzuschaffen. Jedoch wurde er zu früh von den Janitscharen, die sich bedroht fühlten, abgesetzt. Nach einer späteren Zeit notwendiger Reformen schlossen sich 1907 verschiedene Gruppen zu den sog. Jungtürken zusammen, deren Herrschaft (1908-1918) jedoch nicht die Unabhängigkeitserklä-

rung Bulgariens sowie die Eroberung Bosnien-Herzegowinas durch Österreich und die Kretas durch Griechenland verhindern konnte. Nach den Balkankriegen (1912/1913) gingen weitere Gebiete verloren, bis vom ehemaligen Osmanischen Reich nach dem Ersten Weltkrieg nur noch die heutige Türkei übrigblieb.

P

PARADIES

Wenn der Muslim seine „letzte Reise" angetreten hat, erwartet ihn ein himmlischer „Garten" („Gärten des Paradieses", „Garten der Ewigkeit", „Gärten der Wonne"). In dem von Christen oft mißverstandenen islamischen Paradies im Anfang aller Zeiten lebten Adam (→ Adam) und seine Frau. Die Schlange verführte beide, und das Urelternpaar wurde deshalb zur Erde „hinabgeschickt". Zwischen Gott und den Menschen kam es jedoch zu keinem endgültigen Bruch. Nachdem Adam seine Sünden bereute, verzieh ihm Gott wieder. Dereinst dürfen die „Rechtgeleiteten" zur Belohnung im Himmelsgarten weilen. Daran knüpft der Koran allerdings die Forderung, daß die Menschen sich im diesseitigen Leben für die Bedürftigen eingesetzt haben. Das Gartenparadies ist einer fruchtbaren Oase vergleichbar: mit Quellen, Bächen von Wasser, Milch, Honig und Wein; Weinstöcken; Lagerstätten; Teppichen; kostbaren Decken. Die Paradiesbewohner, welche die von der „rechten Seite" genannt werden, treffen dort auf Jungfrauen mit großen Augen und züchtig niedergeschlagenen Blicken, begegnen Jünglingen, die einen Wein kredenzen, der keine Kopfschmerzen verursacht: in silbernen Gefäßen, Humpen, Krügen oder randvoll gefüllten Bechern. Bekleidet sind die Paradiesbewohner mit wertvollen Gewändern, goldenen und silbernen Armringen und Perlen.
Ein Schlaraffenland? Nur Steigerung und Verbesserung diesseitiger Unvollkommenheiten? Dieses Paradies trägt einen bedeutenden Namen: „Dar as-Salam", Haus des Friedens. Neben der unbestreitbaren Verbesserung irdischer Verhältnisse geht es im Koran ganz wesentlich um Vergeistigung: Ideale, gelingende Kommunikation, gute soziale Beziehungen, ganzheitlich-unzerstückeltes Leben. Sure 10,26 verspricht den Rechtschaffenen das „Beste – und noch mehr". Islamische Ausleger haben dieses „noch mehr" als höchstes Ziel des Paradieses bezeichnet: die „Schau Gottes".
„Wenn diejenigen in das Paradies eingetreten sind, die es verdient haben, wird Gott sie fragen: Bedürft ihr noch irgend etwas, was ich euch geben könnte? Alle werden sich wundern und keinen Wunsch wissen. Aber Gott

wird seinen Schleier lüften, und nichts von dem, was sie empfangen haben, wird ihnen teurer sein als der Anblick und die Betrachtung ihres Herrn."

PFLICHTGEBET, rituelles

Fünfmal am Tag, zu genau festgesetzten Zeiten, schreibt der Islam seinen Gläubigen das rituelle Pflichtgebet vor: die Salat. Evangelische Christen tun sich oft schwer, dem rituellen Gebet gerecht zu werden. Ein Hauch von „Gesetzlichkeit" und „Werkgerechtigkeit" scheint das islamische Pflichtgebet zu umgeben. Man glaubt irrtümlicherweise, daß sich die Muslime mit der Einhaltung ihrer religiösen Pflichten den Weg in den Himmel „erkaufen" wollen. Außerdem mißverstehen viele Nichtmuslime das rituelle Handeln als „nur" äußerliche Handlung, der jede Innerlichkeit fehle.

Das rituelle Pflichtgebet mit seinen genau vorgeschriebenen Positionen erfüllt mehrere Aufgaben: Es bringt eine innere Einstellung zum Ausdruck (die „Anwesenheit des Herzens"), demütige Ergebenheit, Vertrauen in die göttliche Barmherzigkeit. Außerdem versinnbildlicht das rituelle Pflichtgebet, zu dem sich alle Gläubigen zusammenfinden sollen, den Gedanken der Brüderlichkeit und Solidarität. Zu den Vorbedingungen eines gültigen Gebets gehören die rituelle Reinigung des Körpers (also verschiedene Waschungen), der Kleidung und des Gebetsorts. Das Gebet ist, an der Gebetsnische jeder Moschee erkennbar, in Richtung Mekka (→ Mekka) orientiert und findet zu folgenden Zeiten statt: vor Sonnenaufgang, Mittag, Nachmittag, Abend (jedoch mindestens eine Stunde vor Sonnenuntergang) und vor Einbruch der Nacht.

Vor dem Gebet ist die Absichtserklärung, die sogenannte „Niyya", erforderlich. Entweder mündlich oder in Gedanken faßt der Betende den Vorsatz, ein bestimmtes Gebet auszuführen. Der Gebetsverlauf besteht aus verschiedenen Gebetsabschnitten, den sogenannten „Rakas". Das rituelle Pflichtgebet wird von Muslimen in dem Sinne erlebt, daß es dem Tag, ja dem ganzen Leben, eine feste Struktur verleiht. Tief im Herzen bewirkt es Ruhe und Frieden. Es hält den Menschen von Lastern und Vergehen zurück, reinigt die Seele und bringt den Gläubigen Gott näher. Das richtige Gebet bezieht sich nicht nur auf den Beter als solchen, sondern schließt auch Eltern, Verwandte, Freunde, Hilfsbedürftige usw. mit ein.

Nur am Freitag soll das Pflichtgebet in der Moschee verrichtet werden. Hinter dem vorbetenden Imam (→ Imam) versammeln sich die Betenden in Reihen, wobei – wie in orthodoxen Synagogen oder früher in christlichen

Kirchen – Geschlechtertrennung herrscht. Die Frauen beten entweder getrennt in einem besonderen Raum der Moschee (→ Moschee) oder im selben Hauptraum, von den Männern separiert.

PROPHETEN UND GESANDTE

Nach islamischem Verständnis ist Mohammed (→ Mohammed) das „Siegel der Propheten“ (33,40). Doch schon vor ihm brachten andere „Propheten und Gesandte“ die Botschaft vom einen und einzigen Gott zu verschiedenen Völkern. Der Monotheismus, der Glaube an den einen Gott (→ Gott), war allen Menschen von der Schöpfung an mitgegeben worden. Wegen der menschlichen „Vergeßlichkeit“ wurde es jedoch nötig, die Menschen wieder an diese Tatsache zu „erinnern“. Dies ist die Aufgabe des Propheten (Nabi) und Gesandten (Rasul). Grundsätzlich ist ihre Botschaft überall und zu jeder Zeit im Kern die gleiche: „Es gibt keinen Gott außer mir. Dienet mir!“ (21,25). Die Propheten erlitten das für sie typische Prophetenschicksal: Ihre Botschaft wurde nicht akzeptiert, und sie wurden angefeindet und verfolgt. Doch Gott errettete sie stets und bestrafte die Ungläubigen. Neben altarabischen Propheten findet man im Koran (→ Koran) biblische Propheten erwähnt, insbesondere Adam (→ Adam), der als erster Prophet gilt, Noah, Abraham, Mose und Jesus (→ Jesus). Der Gesandte unterscheidet sich nach dem Koran vom Propheten dadurch, daß er eine „Schrift“ (→ Schriftbesitzer) bringt.

R

RAUSCHMITTEL

Obwohl besonders in neuerer Zeit in den meisten islamischen Ländern streng gegen Drogenmißbrauch vorgegangen wird, haben manche Rauschmittel in der islamischen Geschichte bis in die Moderne eine wichtige Rolle gespielt. Besonders „Haschisch“, dessen Gebrauch vom 12. Jahrhundert an in der islamischen Welt verbreitet war, stand zeitweilig in enger Beziehung zur Religion, wenn man zum Beispiel an die Bewegung der Assassinen („Haschisch-Esser“) denkt. Bis in die moderne Zeit wird Hanf zur Gewinnung von Haschisch in manchen Ländern angebaut. Der Anbau von „Opium“ ist geringer, in einigen Ländern jedoch ein wichtiger Bestandteil der Wirtschaft. Das vor allem im Jemen häufig genossene „Qat“, ohne das keine Hochzeit (→ Hochzeit), Geburt (→ Geburt), Beschneidung (→ Beschneidung) oder andere Feier denkbar ist, stellt zwar einen wichtigen Bestandteil des sozialen Lebens dar, zugleich jedoch auch ein gravierendes wirtschaftliches Problem. Denn ein Großteil der ohnehin niedrigen Einkommen wird für den Ankauf von Qatblättern ausgegeben.

RECHTS / LINKS

Wie bei der Hand, so kann man in den meisten Kulturen in gemilderter Form auch für Beine und Füße eine Bevorzugung der rechten Seite feststellen. Die wohl erbbedingt asymmetrische Funktionsfähigkeit dieser Körperteile ist eine wichtige Ursache für das bipolare Weltverständnis und die entsprechend unterschiedlichen Bewertungen von rechts/positiv und links/negativ. So wie die meisten Menschen mit ihrer rechten Hand geschickter umgehen, bevorzugen sie wohl auch deshalb das rechte Bein, weil es als Standbein rechten Halt verleiht. Im alten Rom rief ein Sklave den Gästen „dextro pede!" zu, um sie zu veranlassen, die Tür ja mit dem rechten, Glück bringenden Fuß zu betreten. Auch der Altar sollte in der römischen Liturgie zuerst mit dem rechten Fuß betreten werden. Der im ersten Jahrhundert vor Christus lebende römische Baumeister Vitruvius ordnete an, daß die Stufen zum Altar ungerade sein sollten: Beginne man nämlich mit dem rechten Fuß, so komme „man auch oben mit dem rechten Fuß an". „Mit dem linken Fuß zuerst aufzustehen", verheißt im Volksglauben bekanntlich nichts Gutes. „Linke Schritte" führten – einem Morgenhymnus des Aurelius Prudentius Clemens (348 – nach 405) zufolge – zur Sünde.

Auch Muslime bevorzugen ihre rechte Hand, wenn sie andere Personen begrüßen oder beim Essen. Dagegen gilt die linke Hand als unrein; wird sie doch zur Reinigung nach Verrichtung der Notdurft benutzt. Auch schneuzt man sich mit der linken Hand die Nase oder nimmt das Taschentuch in diese Hand. Die Symbolik von Rechts und Links betrifft darüber hinaus auch andere Körperteile. So wird der Gebetsruf („Azan") in das rechte Ohr des neugeborenen Kindes geflüstert. Tote werden auf ihre rechte Gesichtshälfte gebettet. Moscheen und Heiligtümer sollen nach Möglichkeit mit dem rechten Fuß zuerst betreten werden. Sogar Kleidungsstücke wie Hosen und Schuhe soll man zunächst mit der rechten Seite anziehen.

Nach dem Koran (→ Koran) befinden sich die „Gottesfürchtigen" auf der rechten, die Verdammten dagegen auf der linken Seite (56 u.a.). Die guten Menschen halten das Verzeichnis ihrer Taten in der rechten, die Bösen in ihrer linken Hand (84,7).

RECHTSSCHULEN

1. Die älteste Rechtsschule ist die von Abu Hanifa (699-767) und seinen Schülern Abu Yusuf (731-798) und Asch-Schaibani (749-804) gegründete „hanafitische“ Rechtsschule. Da sie neben den vier anerkannten Rechtsquellen als Zusatzquelle den „Istihsan“ („für gut halten“ = Abweichung von einer Regel zugunsten einer anderen) billigte, wurde sie von verschiedenen Seiten kritisiert.
Verbreitung: offizielle Rechtsschule der Abbasiden (→ Abbasiden) und Osmanen (→ Osmanisches Reich), Balkan, Afghanistan, Pakistan, Zentralasien, Indien, China, Südamerika, Österreich.
2. Malik ibn Anas (715-795), der Gründer der „malikitischen“ Rechtsschule, der insbesondere die Rechtspraxis in der Umgebung von Medina (→ Medina) berücksichtigte, ließ, abgesehen von den Hauptquellen, die Zusatzquelle des „Maslaha“ (Nutzen für die Gemeinde), gelten.
Verbreitung: Nordafrika (Marokko, Algerien, Tunesien, Libyen), Nordwestafrika, Oberägypten, Mauretanien, Nigeria, Sudan, Golfstaaten.
3. Asch-Schafii (767-820), das Oberhaupt der dritten und wichtigsten „schafiitischen“ Rechtsschule, gilt als der eigentliche Begründer der islamischen Jurisprudenz. Er systematisierte das Recht, begrenzte die Rechtsquellen auf vier und lehnte Zusatzquellen, wie den „Istihsan“, das „Maslaha“-Prinzip und „Rai“ (eigenes Urteil von Rechtsgelehrten) ab.
Verbreitung: Unterägypten, Jordanien, Libanon, Bahrain, Indonesien, Malaysia, Sri Lanka, Philippinen, Tansania, Zentralasien und als Minderheiten in Saudi-Arabien, Indien und Iran.
4. Die Lehre des Gründers der vierten sunnitischen, der hanbalitischen Rechtsschule, Ahmad ibn Hanbal (780-855), stellt in mancherlei Hinsicht eine Reaktion gegen rationalistische Strömungen dar. Diese Schule ist in vielen dogmatischen und kulturellen Fragen eher konservativ und gilt nur im Vertragsrecht als relativ fortschrittlich.
Verbreitung: Saudi-Arabien, wo das aus ihr hervorgegangene Wahhabitentum Staatsreligion ist, Syrien, Irak, Teile Ägyptens, Indiens, Afghanistans und Algeriens.
5. Die bedeutendste Rechtsschule der Schiiten (→ Schiiten), die „dschafaritische“ Rechtsschule, gilt häufig als fünfte Rechtsschule und wird auf den 6. Imam (→ Imam), Dschafar as-Sadiq zurückgeführt.
Verbreitung: hauptsächlich Iran, Teile Pakistans, Indiens, Iraks, Libanons und Syriens.

REDEWENDUNGEN

In der Alltagssprache der Muslime ist oft von „Gott" (→ Gott) die Rede. Dadurch soll zum Ausdruck gebracht werden, daß Muslime ihr ganzes Leben, auch die alltäglichsten Verrichtungen, der Obhut Gottes anvertrauen. Im gesamten Nahen und Mittleren Osten wird die arabische Grußformel: „Salam alaikum" (Friede sei mit euch) oder die Kurzformel „Salam" (Frieden: im Sinne von Guten Tag, Grüß Gott) verwandt. Die Antwort darauf lautet: „Wa alaikum Salam" (Über euch sei Friede). Auf türkisch lauten die entsprechenden Formeln: „Selamin aleyküm" oder „aleyküm selam"

● „Bismillah": Im Namen Gottes. Kurzformel von „Bismillah ar-Rahman ar-Rahim": Im Namen Gottes, des barmherzigen Erbarmers. Diese einleitende Formel der „Eröffnungssure" (Sura al-Fatiha, → Fatiha-al) wird häufig im Alltag benutzt, zum Beispiel vor einer neuen Tätigkeit. Auch steht sie wichtigen Dokumenten voran.

● „Wallah": Bei Gott.

● „Allahu akbar": Gott ist groß (oder größer). Dieser Ausdruck wird „Takbir" genannt und kommt nicht nur im Glaubenszeugnis (→ Glaubenszeugnis) vor, sondern dient auch als Kriegsruf.

● „Inschallah": Wenn Gott will. Diese häufig gebrauchte Redewendung ist nicht etwa Ausdruck einer fatalistischen Lebenseinstellung, sondern will sagen, daß sich der Mensch (→ Menschenbild) in Gottes Hand geborgen weiß.

● „Maschallah": Was Gott will. Zum Teil Ausruf von Erstaunen und Verwunderung.

● „Schukr al-Hamdullilah": Dank und Lob sei Gott. Diese Formel wird in verschiedenen Alltagssituationen gesprochen, u.a. nach einem herzhaften Niesen.

● „Subhanallah": Ehre sei Gott.

● „Ya Allah": O Gott – als Seufzer.

REINHEITS- UND SPEISEGEBOTE

Zu den religiösen Vorschriften des Korans (→ Koran) gehören Gebote, die auch nach heutigen medizinischen Erkenntnissen eine wichtige Rolle bei der Gesundheitsfürsorge spielen. Diese Verordnungen setzen sich zusammen aus hygienischen Maßnahmen, rituellen Handlungen und Gesetzen über die Verwendung von Nahrungsmitteln und Getränken. Sauberkeit und

Hygiene sind für das Alltagsleben eines Muslim von großer Wichtigkeit. Der bereits im Koran vorkommende Begriff „Tahara" bedeutet sowohl körperliche als auch sittliche Reinheit. Ein Muslim soll sich von „unreinen" Dingen fernhalten und eine Teil- oder Ganzwaschung vornehmen, wenn er mit ihnen in Berührung gekommen ist. Als unrein gelten einerseits Dinge, die Krankheiten übertragen können, wie Urin, Kot, Blut, Samen, Aas, Hunde, Schweine und der Schweiß eines Tieres, das sich von Kot ernährt. Muslime sollen auch den Umgang mit Dingen und Personen meiden, die vom sittlich-religiösen Standpunkt aus als unrein gelten, wie Alkohol (→ Alkoholische Getränke), Rauschmittel (→ Rauschmittel) und Polytheisten.

Der Gläubige reinigt sich in der Regel mit Wasser, und wenn keines vorhanden ist, ersatzweise mit Sand. Auch die keimtötende Kraft der Sonne wird anerkannt. Als wichtigstes seelisches Reinigungsmittel gilt der dem Menschen angeborene Islam (→ Islam), weil er diesen zu sich selbst führt und ihm sein inneres Gleichgewicht wiedergibt. Ein unreiner Polytheist wird durch das Bekenntnis (→ Glaubenszeugnis) zu dem einen Gott (→ Gott) rein. Eine Teilwaschung geschieht als Symbol innerer Reinheit vor bestimmten religiösen Handlungen (Rituelles Gebet, Umschreiten der Kaaba, Berührung des Korans und vor dem Leisten eines Eides). Eine Ganzwaschung muß nach der Berührung mit einem Leichnam, nach Menstruation und Entbindung erfolgen. Unreine Dinge, wie zum Beispiel der Leichnam eines Gläubigen, können rein werden nach ritueller Waschung oder, wie der Körper eines toten Tieres, nach ritueller Schlachtung.

Eine wichtige Speisevorschrift findet sich im Koran (6,146): „Sprich: Ich finde nichts in dem, was mir offenbart ward, den Essenden verboten zu essen, als Krepiertes oder vergossenes Blut oder Schweinefleisch – denn dies ist ein Greuel – oder Unheiliges, über dem ein anderer Gott angerufen wurde. Wer aber gezwungen wird, ohne Begehr und ohne Ungehorsam, nun dann ist dein Herr verzeihend und barmherzig" (→ Schweinefleisch).

RE-ISLAMISIERUNG

Bis zum Ende der 1960er Jahre hatte es den Anschein, daß – von einigen Sonderströmungen (wie zum Beispiel die „Muslimbrüder" und die „Dschamaat i-Islami") abgesehen – islamische Bestimmungen in vielen Ländern fast ausschließlich im Bereich der Erziehung und des Familienrechts (→ Familie) angewandt wurden. Danach aber nahmen verstärkt solche Kräfte an

Einfluß zu, die für eine umfassendere Einbeziehung des Islam in weitere gesellschaftliche Bereiche eintraten. Begünstigt wurde diese Entwicklung auch durch die äußeren politischen Umstände: Saudi-Arabien übernahm nach Nassers Tod wieder stärker die Führerrolle und regte zur Zusammenarbeit der Staaten unter mehr religiösen Gesichtspunkten an. In wirtschaftlicher Hinsicht trug auch die Möglichkeit, durch die Erdölpolitik Druck auf den Westen auszuüben, zur Steigerung des Selbstwertgefühls islamischer Länder bei. Im Iran spielte neben wirtschaftlichen und sozialen Motiven die Tatsache eine Rolle, daß nach der Lehre der dortigen schiitischen (→ Schiiten) Richtung der 12. Imam (→ Imam) und damit das rechtmäßige Gemeindeoberhaupt im 9. Jahrhundert in die Verborgenheit entrückt wurde, dort wunderbar weiterlebt und dereinst zu den Menschen zurückkehren wird, um auf der Welt für Gerechtigkeit zu sorgen. Der weltliche Herrscher muß bis zur Ankunft dieses „Mahdi" (Messias) gerecht und im Einklang mit den religiösen Prinzipien regieren. Versäumt er diesen Auftrag, so dürfen die Theologen zum Umsturz aufrufen.

Die einseitige prowestliche Politik der Schah-Regierung war ein weiterer Grund dafür, daß die religiösen Kräfte mehr Einfluß gewannen. Darüber hinaus gab es tiefgreifende überregionale Ursachen und Motive, die latent trotz scheinbarer Säkularisierung in manchen Bereichen immer vorhanden waren. Die Re-Islamisierung war ein Weg zur nachkolonialen (→ Kolonialismus) Selbstfindung der islamischen Länder der Dritten Welt. Denn Europa hatte im Zusammenhang mit der politischen und wirtschaftlichen Expansion im Orient seine technische und wissenschaftliche Überlegenheit oft als Mittel zur Herrschaft und wirtschaftlichen Ausbeutung benutzt. Islamische Kultur und Geschichte wurden in dieser Zeit geringgeachtet, so daß dieses Kolonialismus-Trauma bis heute nachhaltig wirkt.

Hinzu kommt: Viele der an Europa orientierten Regierungen haben es nicht geschafft, die wirtschaftlichen Probleme der jeweiligen Länder zu lösen und die innenpolitischen Mißstände zu beseitigen. Daher ist für viele die Vorstellung von einer gerechten islamischen Gesellschaft – oft genug propagandistisch und ideologisch mißbraucht – zum Symbol aller Zukunftshoffnungen geworden.

Die durch den Westkontakt ausgelösten raschen wirtschaftlichen Veränderungen hatten sich im Grunde nur für kleinere Gruppen aus der Ober- und Mittelschicht als nützlich erwiesen. Bei großen Teilen der Bevölkerung bewirkten jedoch zum Beispiel die Proletarisierung von Teilen der Bauernschaft, die Auflösung der Dorfgemeinschaften und der Großfamilien (→ Fa-

milie) ein Gefühl der Entwurzelung. Der Wunsch nach einer wohlgeordneten, überschaubaren Gemeinschaft war daher bei vielen Menschen vorhanden.
Das Christentum gilt für manche Muslime als „Rückzugsreligion“ ohne Einflußmöglichkeit auf die Gesellschaft. Die den islamischen Staaten oft als nachahmenswert angepriesenene Säkularisierung hat für viele Muslime negative Aspekte. Denn die Religion verliert nach ihrem Verständnis ihr ursprüngliches Wesen, wenn sie sich in einen privaten Sektor des Menschenlebens abdrängen läßt und Probleme der Wirtschaft und Staatsführung in den außerreligiösen Bereich verweist. Kritik geübt wird auch an den verwestlichten Bevölkerungsschichten, deren freizügige, an Europa und den USA orientierte Moral als Widerspruch zum Islam begriffen wird.

RELIGION UND POLITIK

Der Islam war von Anfang an eine ausgesprochen politische Religion. Bereits nach der Auswanderung (→ Mohammed) von Mekka (→ Mekka) nach Medina (→ Medina) im Jahre 622 verstand sich Mohammed nicht nur als Führer einer religiösen Gemeinde, sondern zugleich als Oberhaupt eines politischen Gebildes (Umma). Auch die Nachfolger des Propheten, die Kalifen (→ Kalifat), hatten neben religiösen Aufgaben vor allem ein politisches Erbe zu verwalten. Deshalb wurden die ersten Kämpfe innerhalb der islamischen Gemeinde weniger aufgrund theologischer Meinungsverschiedenheiten geführt, sondern entzündeten sich hauptsächlich an der Frage, wer der geeignete Herrscher sei (→ Geschichtsverständnis; → Schiiten). Aufgrund der engen Beziehungen zwischen Islam und Politik mußten von der Religion auch von Anfang an Belange gewahrt werden, die nach mitteleuropäischem Verständnis in den Aufgabenbereich des Staates fallen.
Das vom 8. Jahrhundert an in Ergänzung und als Interpretation zu den Bestimmungen des Korans (→ Koran) und der Sunna kodifizierte Recht (→ Rechtsschulen), die Scharia, enthält daher nicht nur Bestimmungen für ein allgemein sittlich-religiöses Verhalten. Vielmehr finden sich in der Scharia Vorschriften über Erb-, Familien-, Völker- und Staatsrecht sowie Sozial- und Wirtschaftsethik. Der Herrscher hatte nur die Befugnis, dieses Recht auszulegen. Der eigentliche Gesetzgeber ist Gott (→ Gott). Die Aufgabe der Regierenden bestand nach klassischem Verständnis darin, eine geordnete Existenz für die muslimische Gemeinschaft zu gewährleisten, so daß die Gläubigen rechtschaffen nach Gottes Geboten leben können. Daher

wurde vom Herrscher vor allem erwartet, daß er sich im göttlichen Gesetz auskennt und gerecht regiert. Unter diesen Bedingungen sollte der Gläubige die staatliche Autorität anerkennen und an der Verwirklichung von Gottes Herrschaft auf Erden mitwirken. So heißt es in Koran 4,54: „Gehorcht Gott, seinem Gesandten und denjenigen, die den Befehl unter euch haben." Obgleich diese klassische Amtsauffassung dadurch an Bedeutung verlor, daß politische, nicht unbedingt religiös legitimierte Personen die Macht übernahmen (→ Kalifat), so blieb das islamische Herrscherideal doch bis in unser Jahrhundert lebendig.

Das Verhältnis von Religion und Staat in der heutigen islamischen Welt ist nicht einheitlich. Zum einen, weil unterschiedliche Parteiungen und Richtungen die Regierungsgewalt ausüben, zum anderen, weil die geschichtliche Erfahrung mit Europa zu jeweils unterschiedlichen Staatsformen führte. Der ägyptische Gelehrte Ali Abd-ar Raziq stellte 1925 die in der islamischen Welt vielumstrittene These auf, daß Muslime das Recht besitzen, frei die für sie geeignete Regierungsform zu wählen, und daß diese, wenn sie dem Allgemeinwohl dient, auch das Gefallen Gottes finden würde.

Dennoch gibt es bis heute Gruppierungen, die an der ursprünglichen Einheit von Religion und Politik festhalten. Parallel zu der Übernahme von Regierungsmodellen westlicher Prägung unternahmen einige Muslime den Versuch, die Rolle des Islam der des Christentums in Europa anzugleichen, zum Beispiel in der Türkei (→ Atatürk, Kemal Mustafa). Anderseits hat es Staaten gegeben, die zumindest von der Theorie her an der ursprünglichen islamischen Konzeption festhielten und den Koran (→ Koran) als eigentlich wahre Verfassung eines wahren islamischen Gemeinwesens darstellten (so Saudi-Arabien). Auch Pakistan versteht sich – aus seiner geschichtlichen Entwicklung verständlich – als islamischer Staat, in dem nur ein „guter Muslim" Staatsoberhaupt werden und die Übereinstimmung der Gesetze mit den islamischen Vorschriften gewährleistet sein soll. Das sind Forderungen, die sicherlich von den meisten Regierungen nicht erfüllt wurden.

In vielen islamischen Ländern hat man sich um einen Kompromiß zwischen europäischen Staatsvorstellungen und Ideen aus der eigenen Tradition bemüht. In zahlreichen Ländern wurde der Islam zur „Staatsreligion" erklärt. Das bedeutete in den 50er und 60er Jahren das Mindestmaß an Religiosität, auf das sie sich trotz der Verschiedenheit ihrer Konzeptionen einigen konnten. Ein ähnliches Zugeständnis stellte es dar, wenn in den Verfassungen einiger Länder die Scharia als „eine" Quelle der Legislative bezeichnet

wurde. Diese Formulierung verhinderte nämlich keineswegs die Verabschiedung säkularer Gesetze, solange die Scharia nicht die einzige Quelle darstellte.
Daneben gab es Bestrebungen, durch die Neuinterpretation islamischer Werte, eigene, von Europa emanzipierte Staatsformen zu entwickeln. Unter Berufung auf die Koranverse 3,159: „Frage sie in wichtigen Angelegenheiten um Rat," und 42,38: „Es ist ihre Pflicht, sich untereinander zu beraten", versuchten zum Beispiel manche Denker zu beweisen, daß es im Islam eine Art Ur-Parlamentarismus gebe (so Arabische Republik Jemen, Kuwait). Ferner war es für die 1950er und 60er Jahre typisch, daß einige Länder – Algerien, Syrien, Ägypten und Libyen – einen eigenen islamischen Sozialismus schufen, der seine sozialen Impulse teilweise aus der Religion schöpfte und Atheismus, Klassenkampf und Internationalismus weitgehend ablehnte. Zu Beginn der 70er Jahre setzte zunächst vereinzelt und später verstärkt eine stärkere Rückbesinnung auf die islamische Religion ein (→ Re-Islamisierung; → Fundamentalismus).

SÄULEN, FÜNF

Ausdruck für die fünf religiösen Grundpflichten des Muslim (→ Glaubenszeugnis; Gebet, rituelles; Zakat; → Fasten; → Wallfahrt)

SCHARIA

„Scharia" bedeutet „Weg". Gemeint ist der Weg zur Verwirklichung der Einheit von Glaube und Handeln, der in der islamischen Glaubens- und Pflichtenlehre dargestellt wird. Häufig wird unter dem Begriff Scharia die Gesamtheit der Vorschriften verstanden, die die Handlungen des Menschen im privaten und öffentlichen Leben betreffen. Die Gleichsetzung „Scharia" und „islamisches Gesetz" kann Anlaß zu Mißdeutungen geben, wenn Begriffe wie Recht und Gesetz im säkularen Sinne verstanden werden. Im islamischen Verständnis sind die Vorschriften nicht Selbstzweck, sondern Hilfen, sich richtig auf Gott auszurichten. In diesem Sinne regelt die Scharia alle Lebensbereiche: rituelle Handlungen (→ Säulen, Fünf), Familien-, Erb-, Handels-, Wirtschafts-, Zivil- und Strafrecht sowie Regeln der Wiedergutmachung von Schäden unter der Rechtssprechung. Insgesamt umfaßt sie mehr als 50 Sachgebiete.
Rechtsquellen: Das islamische Recht sieht im Koran (→ Koran) seine

Hauptquelle. Als nach dem Tode Mohammeds neue Probleme aufkamen, hielt sich die Gemeinde an vielerlei mündliche Überlieferungen über Aussprüche und Handlungen des Propheten. Diese den Koran deutenden Aussagen und Verhaltensweisen Mohammeds heißen (→) „Sunna" (von arabisch „sanna": gelten, im Gebrauch sein). Dieser Begriff bezeichnet die inhaltliche Seite der Hadithe (→ Hadith).

Wenn in Koran und Sunna keine eindeutige Regelung gefunden werden konnte, wurde als dritte Rechtsquelle der Konsens der Rechtsgelehrten einer Generation (Idschma) zu Rate gezogen. Befugt zur Ausübung dieses Konsenses waren bestimmte Fachleute und Juristen. Ein Konsens lag dann vor, wenn eine Generation lang nach Bekanntwerden einer Lehre bei Meinungsfreiheit kein Widerspruch bekannt wurde. Nach Ansicht der Schiiten (→ Schiiten) muß beim Konsens ein „Imam" (→ Imam) beteiligt sein. Manche heutigen Muslime verstehen unter dem Konsens auch Mehrheiten islamischer Weltkongresse oder Parlamente.

Als vierte Quelle gilt schließlich der Analogieschluß (Qiyas). Man führte dabei ein aktuelles Problem auf eine Regel zurück, die für einen ähnlich gelagerten Fall geschaffen worden war. Ursprünglich war auch die Rechtsauslegung einzelner Gelehrter, d.h. der von einem „Mudschtahid" (→ Ayatollah) ausgeübte „Idschtihad" (→ Ayatollah), erlaubt. Heute ist der Idschtihad nur in der Schia eine erlaubte Methode der Rechtsfindung.

SCHEIDUNG

Im Islam gilt Scheidung als „verpönte Erlaubnis". Jedoch wird dem Mann die Scheidung relativ leicht gemacht, da er sich früher durch das dreimalige Aussprechen des Satzes „Ich verstoße dich" scheiden lassen konnte. Er mußte allerdings bestimmte Wartezeiten einhalten, die im Fall einer Schwangerschaft verlängert wurden.

Frauen (→ Frau) können sich aus verschiedenen Gründen scheiden lassen. Dazu gehören u.a.: eine gefährliche Erkrankung des Mannes, die Verletzung der Unterhaltspflicht, eine grausame Behandlung der Frau, unlautere Geschäfte im Sinne des Islam. In Pakistan wird zu den möglichen Scheidungsgründen auch die Unvereinbarkeit der Charaktere gezählt.

Im Iran wird nach dem neuen Ehegesetz von 1984 der Frau das Scheidungsrecht in 11 Fällen gestattet. Zum Beispiel, wenn der Mann ohne Einverständnis seiner Frau eine andere Frau heiratet. Dies muß allerdings vorher per Vertrag festgelegt sein. Im Falle einer Scheidung ohne ihr Verschulden wird diese nicht mehr nach der Willkür des Mannes, sondern aufgrund eines Gerichtsbeschlusses vollzogen. Ferner ist der Ehemann verpflichtet, die Hälfte des Vermögens, das er während der Ehe erworben hat, ohne Gegenleistung der Frau zu übertragen. Im Falle einer Scheidung erhält der Vater in der Regel das Sorgerecht für die Kinder (→ Ehe, religionsverschiedene). Vor allem deshalb, weil die Frau in der orientalischen Gesellschaft früher kaum in der Lage war, ein Kind allein großzuziehen. Nach der Auffassung der im Iran tonangebenden Zwölferschia (→ Schiiten) behält die Mutter das Sorgerecht für Söhne, bis diese zwei Jahre alt und für Töchter, bis diese sieben sind. Andere Rechtsschulen (→ Rechtsschulen) variieren in der Altersangabe. Teilweise dürfen die Kinder sogar selber wählen, welchen Elternteil sie bevorzugen. In immer mehr islamischen Ländern, zum Beispiel Syrien, Tunesien, Irak und dem ehemaligen Südjemen, geht man vom Wohl des Kindes aus.

SCHEKER BAYRAM

Im Bewußtsein vieler Muslime nimmt dieses dreitägige Fest (türkisch: Scheker Bayram), das im arabischen Raum „Id al-Fitr" (Fest des Fastenbrechens) genannt und am Ende der Fastenzeit (→ Fasten) gefeiert wird, mit seinen Glückwünschen und Geschenken die erste Stelle der Feste ein. Der türkische Name bedeutete zunächst wohl „Dankfest", wird heute aber mit den Süßigkeiten (Scheker, türk. Zucker) in Verbindung gebracht, die an diesem Tag verschenkt werden. Eine Zeit der Danksagung ist das Fest deshalb, weil Gott (→ Gott) den Muslimen die Einhaltung des Fastens (→ Fasten) ermöglicht und die Übertretungen vergeben hat.

Zu diesem Tag gehört ein besonderes Gemeindegebet (→ Gebet, rituelles). Man besucht Freunde und Verwandte. Jeder Muslim, der nicht unter Armut (→ Armut) leidet, ist verpflichtet, die Bedürftigen durch eine Gabe an der Festfreude teilnehmen zu lassen.

Am Festtag gehen die Männer zum Morgengebet in die Moschee (→ Moschee). Die Mutter räumt die Wohnung auf, die bereits vorher durch einen mehrwöchigen Hausputz auf Vordermann gebracht wurde. Dann kleidet sie die Kinder festlich ein und bereitet das Frühstück, das nach der Rückkehr des Vaters gemeinsam eingenommen wird. Danach küßt die Mutter den Vater. Die Kinder küssen die Hände ihrer Eltern und erhalten Geschenke. Dann werden Verwandte und Nachbarn besucht und ihnen die Glückwünsche zum Fest überbracht. Dabei küssen die Kinder den Erwachsenen und die Jüngeren den Älteren als Zeichen des Respektes die Hand. In der Türkei gibt es Straßentheater, Kirmes und Musikdarbietungen. Diejenigen, die gekränkt worden sind, sollen ihre Beleidigung vergessen. Typische türkische Süßigkeiten, die auch zum Scheker Bayram gereicht werden, sind Baklava (Süßspeise aus Blätterteig, Mandeln und Pistazien) und Lokum (→ Lokum).

SCHIITEN

Schiiten sind die Anhänger einer der beiden großen Glaubensrichtungen des Islam: Sunna und Schia. Schia heißt „Abspaltung". Von Anfang an war der Islam ausgesprochen politisch (→ Fundamentalismus; → Re-Islamisierung; → Religion und Politik). Bereits nach der Hidschra (622), der Auswanderung Mohammeds (→ Mohammed) und einiger Getreuer von Mekka (→ Mekka) nach Medina (→ Medina, verstand sich der Prophet-Politiker Mohammed nicht länger nur als religiöser Führer. Er war zugleich politisches Oberhaupt der Gemeinschaft. Nachdem Mohammed 632 gestorben war, stand die junge Gemeinde ohne Führer da. Neben religiösen Aufgaben verwalteten die Nachfolger Mohammeds, die Kalifen (→ Kalifat), vor allem ein politisches Erbe.
Bei den frühen Kämpfen innerhalb der islamischen Gemeinschaft war nicht etwa eine Glaubenslehre Hauptanlaß zur Auseinandersetzung. Streit entbrannte vielmehr um die Frage, wer der geeignete Herrscher sei. Im Frühislam trennten sich die Schiiten von der Mehrheit der Muslime: den später sogenannten Sunniten. Denn sie hatten andere Vorstellungen von der Propheten-Nachfolge. So verlangten die Sunniten nicht, daß der Kalif aus der Familie, wohl aber aus dem Stamm des Propheten kommen müßte. Dagegen erkannten die Schiiten nur Ali (→ Ali), den Vetter und Schwiegersohn Mohammeds, sowie dessen Nachkommen als Gemeindeoberhäupter (→ Imam) an.
Im Gesamtislam sind die Schiiten eine Minderheit, etwa 10-15 %. Schiiten gibt es hauptsächlich im Südirak und Iran, als Minderheiten in Syrien, im Libanon, Jemen und in der Türkei. Die Schiiten zerfielen in der Geschichte in bis zu 70 verschiedene Gruppierungen. Heute sind davon nur noch einige übriggeblieben. Die Imame besitzen in der Schia absolute Autorität für das wahre Verständnis des Islam. Allerdings variieren die Ansichten der verschiedenen Gruppen über die Gestalt dieses Imams:
Die zahlenmäßig bedeutendste Gruppe sind die „Zwölferschiiten", die im

Iran tonangebend sind. Nach ihrer Überzeugung ist der 12. Imam nicht gestorben, sondern wurde durch ein göttliches Wunder bis heute in die Verborgenheit entrückt. Als Mahdi, d.h. als eine Art Messias, kehrt er dereinst zurück. Gewaltiges wird er vollbringen: So besiegt er die Tyrannen und richtet ein Reich der Gerechtigkeit und des Friedens auf. Bis zu seiner Ankunft ist alle politische Herrschaft nur vorläufiger Natur. Die Ayatollahs (→ Ayatollah) übernehmen in der Zwischenzeit das politische Wächteramt. Die „Siebenerschiiten" glauben an die Rückkehr des 7. Imams als Mahdi. Die Zaiditen, auch „Fünferschiiten" genannt, erkennen entsprechend im fünften Imam den rechtmäßigen Nachfolger, lehnen aber die Mahdi-Lehre ab. Daneben gibt es noch Splittergruppen. Die syrischen „Extremen Schiiten" erheben Ali und viele seiner Nachkommen in quasi- göttlichen Rang, glauben an das Einwohnen Gottes in ihnen.

Die Schiiten haben ein besonderes Verhältnis zu Leiden und Märtyrertum, das durch die Umstände beim Tode Husains, Enkel des Propheten Mohammed, bedingt ist.

Männer, die stöhnend unter lauten Klagerufen sich mit Fäusten auf die nackte Brust schlagen, Schulter und Rücken blutig geißeln: Solche Taten vollbringen Anhänger der Zwölferschia alljährlich während der ersten 10 Tage des islamischen Trauermonats. Gegen diese bizarre Volksfrömmigkeit laufen viele schiitische Theologen allerdings Sturm. Was das Menschenbild betrifft, so unterscheiden sich die Schiiten ebenfalls von den Sunniten. Unter dem Einfluß der neuplatonischen Philosophie entwickelte sich die an sich unislamische Lehre von der Gottebenbildlichkeit des Menschen (→ Menschenbild). Die Schiiten erlauben die Praxis der freien Rechtsfindung (→ Rechtsschulen). Überall da, wo sich Prophetenaussagen widersprechen oder mit Aussagen des Korans (→ Koran) in Widerspruch zu stehen scheinen, darf der theologisch besonders hierzu Qualifizierte dieses Prinzip selbständiger, rationaler, wissenschaftlicher Entscheidung anwenden.

SCHLEIER

Der Koran (→ Koran) enthält keine eindeutigen Bestimmungen darüber, daß sich Frauen (→ Frau) verschleiern müssen und ihr Wirkungsbereich auf das Haus beschränkt ist. Der Koranvers 24,31 legt es guten Musliminnen nahe, sich außerhalb des Hauses schamvoll zu kleiden: „Sage auch den gläubigen Frauen, daß sie ihre Augen niederschlagen und sich vor Unkeuschem bewahren sollen und daß sie nicht ihren nackten Körper, außer nur, was notwendig sichtbar sein muß, entblößen, und daß sie ihren Busen mit dem Schleier verhüllen sollen..." Von einem Gesichtsschleier ist nicht die Rede. Der Schleier ist keine islamische Erfindung. Er war zu Mohammeds (→ Mohammed) Zeit vor allem in den Städten verbreitet. Zur Entstehungszeit des Korans gab es verschiedene Kleidungsstücke, die zwar später mit „Schleier" übersetzt wurden, jedoch nicht mit dem in der westlichen Kritik als Symbol weiblicher Unterdrückung angesehenen Gesichtsschleier identisch sind:

1. „Qina": ein beduinischer Kopfschleier, der vornehmlich zum Zweck der Koketterie getragen wurde.
2. „Khimar": ein Schal, der Kinn und Brust bedeckt.
3. „Dschilbab": eine Art Hemd, Mantel oder Überwurf.

Der obenzitierte Koranvers spricht von „Khimar", in anderen Versen ist von „Dschilbab" die Rede.

Im Frühislam war das Anlegen solcher Kleidungsstücke vor allem als Zeichen des besseren sozialen Status der Frau üblich, aber keine allgemeine Pflicht. Der Koranvers wollte nicht etwa die Frau aus der Öffentlichkeit verbannen, sondern sie als „anständige" Frau ausweisen, da die Sitten in manchen Oasenstädten etwas freizügig waren. Das Tragen von Gesichtsschleiern (Niqab), die Einrichtung von Harems sowie die Verbannung der Frau aus der Öffentlichkeit wurden erst üblich, als nach der Übernahme des Kalifats (→ Geschichtsbild; → Kalifat) durch die Abbasiden (→ Abbasiden) persische und byzantinische Gewohnheiten den Lebensstil zu prägen begannen. In Byzanz trug die freie Frau der Oberschicht einen Schleier, um sich von Sklavinnen zu unterscheiden. Was zunächst nur ein Zeichen feiner Gesittung war, wurde von islamischen Geistlichen später zur Legitimierung eines Schleierzwangs aufgegriffen.

In den einzelnen islamischen Länder gab es unterschiedliche Kleidungsstükke, die von den Frauen getragen wurden: zum Beispiel im Iran der „Tschador" oder das türkische „Kopftuch". Obgleich der Schleier als „Institution" die Frau aus der Öffentlichkeit in die Familie verbannte, konnte seine Funktion unterschiedlich sein: Einerseits wird er als „Symbol der Unterdrükkung" betrachtet, während er anderseits im Zusammenhang mit dem Befreiungskampf gegen die Kolonialmächte (→ Kolonialismus) oder der Re-Islamisierung (→ Re-Islamisierung) auch ein Symbol islamischer Selbstbesinnung und nationaler Eigenständigkeit sein kann.

SCHRIFTBESITZER

„Ahl al-Kitab": „Leute des Buches" oder „Schriftbesitzer" nennt der Koran (→ Koran) die Juden und Christen, weil sie göttliche Offenbarungstexte besitzen: Tora und Evangelium (Singular!). Ihnen wird im Gegensatz zu den sog. Heiden gegen Entrichtung einer Kopfsteuer freie Religionsausübung zugesichert (→ Toleranz). In 2,62 und 22,17 werden außerdem die „Sabier" als Schriftbesitzer bezeichnet. Damit sind vermutlich die Anhänger der in Südarabien lebenden kleinen, noch heute existierenden Täufergemeinschaft der „Mandäer" gemeint. 22,17 erwähnt außerdem die Zoroastrier, die Anhänger des iranischen Priester-Propheten Zarathustra (13. vorchristliches Jahrhundert), als Gläubige.

SCHUTZBEFOHLENE

Arabisch „Dhimmis". So wurden die „Schriftbesitzer (→ Schriftbesitzer) in einem islamischen Staat genannt. Sie genossen den Schutz der islamischen Oberhoheit als Gegenleistung für die von ihnen zu entrichtende Kopfsteuer.

SCHWEINEFLEISCH

Muslime dürfen nur das Fleisch rituell geschlachteter Tiere verzehren. Türkische Fleischereien (kasap) verkaufen es als „halal et" (rituelles Fleisch). Schweinefleisch sowie aus dem Schwein hergestellte Produkte (u.a. Kartoffelchips, Käse, Eissorten) dürfen nicht verzehrt werden. Islamische Gesundheitsexperten untermauern heute das Schweinefleischverbot, dessen genaue Ursache im dunkeln liegt, mit zahlreichen medizinischen Argumenten. Sie sehen darin zum Beispiel eine Vorbeugungsmaßnahme gegen Trichinose, die durch das Schwein auf den Menschen übertragen werden kann und eine besonders sorgfältige Fleischbeschau verlangt, die in der damaligen Zeit nicht zu leisten war. Schweinefleisch wird heute (nicht nur von islamischen Medizinern) als Ursache vieler Krankheiten angesehen, wie zum Beispiel: Blinddarm- und Gallenblasenentzündung; Gallenkolliken; Darmkatarrhe, Gastroenteritis mit tiphösen und paratyphoiden Krankheitsbildern sowie akuten Ekzemen, Furunkeln und Abszesse; erhöhter Blutdruck und Arteriosklerose, verursacht durch einen zu hohen Cholesterinspiegel. Ebenso wird ein Aufquellen des Bindegewebes bei

Schweinefleischgenuß als typisch angesehen und mit Rheuma, Arthritis und Bandscheibenschäden in Verbindung gebracht. Schließlich wird auch auf das im Schweinefleisch enthaltene Histamin und die Immidazolkörper hingewiesen, die Magengeschwüre, Asthma und Heufieber einleiten können. Muslime betrachten es als Bestätigung ihrer Argumente, daß verschiedene Richtungen der alternativen Ernährung – wenn auch nicht aus denselben Gründen – Schweinefleisch weitgehend ablehnen.

STRAFRECHT

Seit Beginn der Re-Islamisierung (→ Re-Islamisierung) erfährt man immer wieder aus den Medien, daß aufgrund der Wiedereinführung des islamischen Strafrechts Delikte wie Mord, Raub, Vergewaltigung, Ehebruch, Homosexualität (→ Homosexualität; → Sexualität) sowie Alkohol- und Drogenmißbrauch (→ Alkoholische Getränke; → Drogen) durch Auspeitschen, Abschlagen von Händen und Füßen oder Hinrichtung bestraft werden. Solche Maßnahmen erregen unser Befremden und unsere Abscheu. Hinter diesen Strafen steht ein – verglichen mit dem abendländischen – unterschiedliches Rechtsverständnis (→ Rechtsschulen).

Der Islam geht von unterschiedlichen Pflichten des Menschen gegenüber seinem Schöpfer und seinen Mitmenschen aus. Diese Unterscheidung bestimmt auch das Rechtsverständnis, so daß von einem „göttlichen" und „menschlichen Recht" gesprochen wird. Neben Gott (→ Gott) und dem Individuum (→ Menschenbild) stellt die Gemeinschaft (→ Umma) die dritte, den Rechtsvollzug bestimmende Größe dar. Dabei werden die gesellschaftlichen Rechte im Islam nicht als soziale, sondern als göttliche Rechte bezeichnet.

Als Verletzung des gültigen Rechts gilt eine bestimmte im Koran (→ Koran) festgelegte Kategorie von Straftaten, die die Gesellschaft gefährden können: Alkoholgenuß, Straßenraub, schwerer Diebstahl, widerrechtlicher Geschlechtsverkehr, falsche Bezichtigung der Unzucht. Aufgabe der islamischen Justiz ist es, diese Delikte im Namen Gottes zu bestrafen. Normalerweise liegt die Rechtsprechung in der Zuständigkeit des Richters (Qadi), der sein Urteil auf der Grundlage von Geständnissen des Angeklagten, Zeugenaussagen und Gutachten von Rechtsgelehrten stützt.

Nach Ansicht der Rechtsgelehrten ist eine Überführung des Angeklagten eigentlich nur nach dessen Geständnis möglich. Um Fehlurteile auszuschalten, berücksichtigt das islamische Recht auch die Zurechnungsfähigkeit

und Strafmündigkeit des Beklagten. Ebenfalls soll die Glaubwürdigkeit der Zeugen einer strengen Prüfung unterzogen werden. Gerade bei Sexualverbrechen werden strenge Maßstäbe an die Zeugen angelegt. So kann eine Frau nur des Ehebruchs überführt werden, wenn vier Zeugen dies beeiden. Falsche Anschuldigungen werden streng bestraft. Erhebt der Ehemann den Vorwurf, so muß er ihn fünfmal beeiden und zieht sich im Fall einer Falschaussage den Fluch Gottes zu. Ebenso kann die Frau fünfmal ihre Unschuld beteuern. Das Urteil liegt dann im Ermessen des Richters. Ein weiteres Vergehen, das in den Bereich des „göttlichen Rechts" fällt, ist der Glaubensabfall vom Islam (→ Apostasie).
Privatrechtliche Delikte, wie zum Beispiel Verbrechen gegen Leib und Leben, gehören in die Sphäre des „menschlichen Rechts". Bei Verleumdung, Körperverletzung oder Totschlag dürfen der Betroffene oder dessen Erben das Strafmaß festsetzen. In der Regel einigen sich beide Familien (→ Familie) darüber, ob die Todesstrafe, Blutgeld oder eine andere Sühne gefordert wird. Geschah die Tat nicht vorsätzlich, darf der Schuldige nicht mit dem Tod bestraft werden.
Zu einer dritten Gruppe von Vergehen, die das „göttliche" und „menschliche Recht" zugleich betreffen, gehören gemeinschaftszerstörende Delikte, wie Raubüberfall, Unruhestiftung und die Bedrohung Wehrloser. Sie werden durch Hinrichtung, Abhacken von Händen oder Füßen oder Verbannung bestraft.
Der Strafvollzug basiert auf dem Grundsatz, daß weder Gott noch der Staat den Rechtsanspruch des Menschen beschneiden dürfen und es ebenso der islamischen Justiz nicht gestattet ist, das „göttliche Recht" zu mißachten. Jeder Fall soll genau geprüft, und Zeugen sollen befragt werden. Ein wichtiges Prinzip lautet: „Jede Art von Zweifel verbietet den Strafvollzug." Außerdem soll man trotz der Forderung nach Gerechtigkeit wenn möglich Milde walten lassen: „Ausgenommen sind diejenigen, die ihre Tat ernsthaft bereuen, bevor ihr Gewalt über sie habt. Ihr müßt wissen, daß Gott barmherzig ist und bereit zu vergeben" (5,34). Und: „Wenn ihr verzeiht, Nachsicht übt und vergebt, folgt ihr damit dem Beispiel Gottes. Gott ist barmherzig und bereit zu vergeben" (64,14).

SUNNA

„Sunna" bedeutet auf arabisch: 1. gewohnte Handlungsweise, Sunna des Propheten (→ Mohammed), Sammlung der Aussprüche und Handlungen

Mohammeds und seiner frühen Gefährten. Zweite Quelle des islamischen Rechts (→ Scharia). 2. „Orthodoxie" als Gegensatz zur Schia (→ Schiiten). Bezeichnung für die Mehrheit der Muslime, die der geschichtlichen Realität entsprechend Abu Bakr, Umar, Uthman und dann erst Ali (→ Ali) für die vier ersten rechtmäßigen Kalifen (→ Kalifat) halten.

T

TIER

Der Koran (→ Koran) erwähnt eine Vielzahl von Tieren in verschiedenen Zusammenhängen und mit unterschiedlicher Wertschätzung. Einerseits steht der Mensch (→ Menschenbild) in der Schöpfungsordnung eindeutig über dem Tier, weil er im Gegensatz zum „ungläubigen Vieh" Verstand besitzt und daher zum Glauben und Unglauben fähig ist (5,1; 8,22; 8,55). Anderseits wird aber auch eine prinzipielle Gleichheit zwischen menschlicher Schöpfung und Tierwelt angedeutet, zum Beispiel in 6,38: „Kein Getier gibt's auf der Erde und keinen Vogel, der mit seinen Schwingen fliegt, die nicht wären Völker gleich euch." In einem heutigen Korankommentar interpretiert man diesen Vers als Aufforderung, die Tierwelt auch als Gottes Schöpfung zu achten und Gott seine Ergebenheit dadurch zu beweisen, daß man seine Gebote hält und seine Geschöpfe liebt.

Im Koran wird oft Gottes Fürsorge gegenüber Mensch und Tier hervorgehoben: „Und wieviele Tiere gibt's, die nicht ihre Versorgung tragen! Gott versorgt sie und euch, und er ist der Hörende und Wissende" (29,60; 11,6; 11,59). Die Einstellung des Islam zum Tier ist wesentlich durch die Frage bestimmt, zu welchem Zweck Gott die Tiere erschuf. In 16,5ff. heißt es, daß Gott dies aus zwei Gründen getan habe: zum Nutzen des Menschen und zur Verherrlichung Gottes.

Die Tiere stehen wie die übrigen Werke der Schöpfung in der menschlichen Verfügungsgewalt, wobei im Koran der Aspekt der Nutznießung stärker im Vordergrund steht als die Verpflichtung des Menschen zu ihrer Pflege und ihrem Schutz: „Und die Tiere, er erschuf sie für euch; sie liefern euch warme Kleidung und bringen euch Nutzen; und ihr eßt von ihnen. Und eine Zierde sind sie euch, wenn ihr sie abends eintreibt und morgens austreibt. Und sie tragen eure Lasten zu Ländern, die ihr nicht hättet erreichen können ohne Mühsal der Seelen. Siehe, euer Herr ist wahrlich gütig und barmherzig. Und er erschuf die Pferde und die Kamele und die Esel, auf daß ihr auf ihnen reitet und zum Schmuck. Und erschuf, was ihr nicht kennt"! (16,5-8)

Der frühe Islam kannte bereits einen gewissen Tierschutz. Für das Verletzen von Kamelen wird in 26,157 Strafe angedroht. In der Koranstelle 81,4, die eschatologische Visionen (→ Paradies) enthält, gilt das Vernachlässigen von schwangeren Kamelstuten als Inbegriff alles Negativen. In 4,117 werden irregeleitete Menschen erwähnt, die sich den Satan zum Beschützer nehmen, ihren Tieren die Ohren abschneiden und die Schöpfung Gottes verändern. Als erlaubt gilt nur das Versehen mit Brandzeichen außer am Kopf sowie das Kastrieren unter bestimmten Umständen. 17,37 tadelt die „Überheblichkeit" des Menschen. Ein Kommentar versteht hierunter auch das sinnlose Jagen und Quälen von Tieren. In einem Kommentar zu 4,118 heißt es, daß zum eigenmächtigen „Verändern der Schöpfung" durch den Menschen auch das Verletzen von Tieren zählt.

Wenn es um die Versorgung der Tiere geht (11,6; 11,56), betont man die Fürsorge Gottes und weniger die Verpflichtung des Menschen. Es sei denn, daß es sich bei den Tieren um Nutz- und Weidetiere (zum Beispiel das Kamel) handelt. Obgleich Hunde im Islam eher verachtet werden, gibt es eine Mohammed zugeschriebene Überlieferung (→ Hadith), die die Fürsorge gegenüber diesen Tieren zum Thema hat. Kamele und Pferde haben seit jeher im Islam eine Sonderstellung eingenommen. Vor allem das Kamel stellte in der Wüste ein unentbehrliches Transportmittel dar und war ein wichtiger Lebensgefährte für die Beduinen. In der Hirtenkultur der Beduinen, die aus der engen Schicksalsgemeinschaft von Mensch und Tier hervorging, wurde die Wüste erst durch das Kamel für den Menschen bewohnbar. Aus dem wiegenden Gang der Tiere entwickelte sich das klassisiche Versmaß der arabischen Literatur. 160 verschiedene Namen kennt die arabische Sprache für das Kamel, das nicht nur Reichtum und Besitz (→ Armut) symbolisierte, sondern auch die Existenzgrundlage der Großfamilie (→ Familie), Richtschnur der sozialen Ordnung, Strafmaß für viele Vergehen und Maßeinheit der Hochzeitsgabe (→ Hochzeit) darstellte. Obgleich das Kamel in der Landwirtschaft und Armee jahrhundertelang unenbehrlich war, wurde seine Bedeutung in den letzten 45 Jahren durch die Ölförderung und deren Folgen, Landflucht und Verstädterung, weitgehend zurückgedrängt.

Umfassendere Überlegungen zum Tierschutz sind im heutigen Islam selten anzutreffen. Aus einer Defensivhaltung heraus wird jedoch oft argumentiert, daß das (wie auch von Juden praktizierte Schächten) im Gegensatz zu der bei uns vorherrschenden Meinung keine Tierquälerei darstelle. Die „Erste internationale Konferenz für islamische Medizin" (1981) sprach sich entschieden gegen grausame Tierversuche aus. Das „Religionsbuch für moslemische Kinder", herausgegeben vom (schiitischen) „Islamischen Zentrum Hamburg", enthält zum Beispiel trotz seines geringen Umfangs einen Abschnitt über Tierschutz sowie einen weiteren Abschnitt über die Liebe zu Tieren.

TOD

Der Tod ist für den Islam nichts Negatives, Böses. Er resultiert nicht – wie im Christentum – aus der „Sünde". Wie das Leben (→ Menschenbild), so ist auch nach islamischer Auffassung der Tod von Gott „geschaffen", um die Menschen zu „prüfen". Der Tod ist nicht Endpunkt, sondern „Ausgangspunkt und Auftakt zum nächsten, eigentlichen Endpunkt, dem zweiten Leben, der Wiederherstellung aller Dinge am Ende der Zeiten, zur Neuschöpfung des Alls" (W. Schmucker). Der Tod wird als „Eingehen in die Obhut Gottes" aufgefaßt. Nach Al-Ghazali (1058-1111) unterbricht der Tod zunächst den Zusammenhang zwischen Geist und Körper, ist letztlich jedoch ein Übergehen vom „Haus der Vergänglichkeit" in das „Haus der Beständigkeit". Das Jüngste Gericht wird am Ende der Zeiten unter gewaltigen kosmischen Katastrophen plötzlich hereinbrechen. Jeder Mensch steht dann – unvertretbar – allein vor seinem Schöpfer. Größte Sünde wäre es für den Menschen, an Gottes Barmherzigkeit zu zweifeln. Dies wäre letztlich ein Zweifel an Gott selbst. Niemals soll der sündige Mensch die Hoffnung aufgeben: „Wer würde die Hoffnung auf die Barmherzigkeit seines Herrn aufgeben! (Das tun) nur diejenigen, die irregehen" (15,56). Wer das Gericht besteht, gelangt in das Paradies (→ Paradies). Es gibt muslimische Theologen, die davon ausgehen, daß die Hölle nicht das Letzte sein wird. Der „barmherzige Erbarmer" werde eines Tages alle seine Geschöpfe um sich versammeln.

Der Tote soll auf seiner rechten Seite mit dem Gesicht nach Mekka (→ Mekka) begraben werden. Muslimische Gräber sind schlicht gestaltet und sollen nach Mekka orientiert sein. Bisher ist es so üblich, daß die meisten türkischen Toten in der Bundesrepublik Deutschland ausgeflogen werden, um im Heimatland ihre letzte Ruhe zu finden. Es gibt kaum Friedhöfe für Muslime in Deutschland (Ausnahme zum Beispiel in Essen). Da die Zahl der älteren Muslime zunimmt, tut sich im Bereich des Bestattungswesens mittelfristig ein erhebliches Problem auf.

weniger die Prophetenzeit als die 30er bis 70er Jahre des 7. Jahrhunderts wichtig. Denn damals wurden die Grundlagen für alle diejenigen Regelungen und Institutionen gelegt, die jahrhundertelang die soziale Stellung der Nichtmuslime richtungweisend bestimmt haben.

Das klassische islamische Recht kennt die Aufteilung der Welt in zwei Gebiete: „Gebiet des Islam" (Dar al-Islam) und „Gebiet des Krieges" (Dar al-Harb). Die Muslime schlossen mit den eroberten Schriftbesitzern zweiseitige Verträge. Sie wurden dadurch in gewisser Weise „Bürger zweiter Klasse". Jedoch war ihnen folgendes garantiert: Leben, Eigentum, Wahl des Aufenthaltsortes. Garantiert waren ebenfalls private und öffentliche Rechte wie: Heirat, Erbschaft, Eigentum, Handel sowie das Recht, die Gerichte anzurufen. Ihre Kultorte waren geschützt, doch durften die kultischen Verrichtungen keinen demonstrativen Charakter haben. Für die Gewährung dieser formalen Toleranz mußten die Schutzbefohlenen Abgaben, später Steuern entrichten, die den Muslimen nicht auferlegt waren. Der islamische Staat war weniger an der Gewinnung von Proselyten als an den Steuern seiner Schutzbefohlenen interessiert. Indirekt wurde dadurch die Toleranz gefördert. Die Schutzbefohlenen waren in der Regel dem islamischen Staat gegenüber loyal eingestellt. Nur selten hört man von Aufständen. Aufgrund der Unerfahrenheit der Muslime in Verwaltungsangelegenheiten übernahmen Juden und Christen zum Teil hohe und höchste Ämter in der islamischen Administration. Nach Albrecht Noth ist der Einfluß der Religion auf die Toleranz eher gering zu veranschlagen. Auffällig sei die „pragmatische Komponente" im Erscheinungsbild islamischer Toleranz. Hieraus resultiere die grundsätzliche Ambivalenz des Islam in Fragen der Toleranz. Zwar war den Christen die Ausübung ihres Kultes gestattet, sie durfte jedoch nicht in Konflikt mit den muslimischen Bräuchen geraten. Je nach politischer Lage fand man Anlaß genug, die Verletztung der einschränkenden Klauseln als gegeben zu betrachten und zu bestrafen. In Zeiten finanzieller Engpässe wurden die „Schutzbefohlenen" oft schikaniert, indem man teilweise unerträgliche Sondersteuern erhob. So kam es manchmal zu Übertritten, bisweilen auch zu Aufständen und entsprechenden Strafaktionen. Zwar erlangten „Schutzbefohlene" oft hohe und höchste Verwaltungsämter, doch herrschte in weiten Kreisen die Ansicht, daß alle Ämter in einem islamischen Staat religiöser Natur seien. Waren solche Auffassungen stark genug, sich durchzusetzen, so führte dies zur Verbannung von Nichtmuslimen aus dem Staatsdienst. Die defensive Führung des Dschihads (→ Dschi-

had) führte oft zu heftigem Fanatismus unter den Muslimen, der sich auch gegen die „Schutzbefohlenen" richtete.
Die Schutzbefohlenen hatten eine von den Muslimen verschiedene Kleidung (Gelb für Juden) zu tragen. Dies war keine Diffamierung, sondern „wohl anfangs nichts anderes gewesen als eine durch die verschiedene Herkunft und kulturelle Tradition zu erklärende Tatsache". A. Noth: „Manches deutet darauf hin„ daß ursprünglich sogar ein Verbot für die Muslime bestanden hat, sich so wie ihre Unterworfenen zu kleiden, um in der Umgebung der zahlenmäßig überlegenen Unterworfenen ihre Identität zu wahren."
In neuerer Zeit haben beide Formen der Intoleranz aufgrund bestimmter politischer Ereignisse zugenommen. Die Enstehung des Staates Israel hat in manchen islamischen Kreisen eine Neuorientierung gegenüber den jüdischen „Schriftbesitzern" bewirkt. Man bemüht sich zwar, zwischen Juden und Zionisten zu unterscheiden. De facto aber geht es den wenigen Juden, die noch in den arabischen Ländern leben, nach der Gründung Israels zunehmend schlechter. In einigen Fällen (Syrien) kam es zu grausamen Verfolgungen. Eine Verbesserung ist in Ägypten nach den Friedensverhandlungen Sadats bemerkbar. Aufgrund des Nahost-Konflikts neigen auch manche islamischen Denker dazu, die islamisch-jüdische Geschichte nachträglich negativer zu betrachten, als es der Wirklichkeit entspricht. Dieser islamische Antijudaismus, der seit der Besiedlung Palästinas existiert, hat seine geistigen Wurzeln allerdings in Europa; denn die islamische Welt kannte zwar vereinzelte, politische motivierte Verfolgungen, jedoch keinen rassisch begründeten Antijudaismus. Auch die Re-Islamisierung (→ Re-Islamisierung) hat in einigen Fällen zu einer Einschränkung der Toleranz geführt. Während nämlich die meisten islamischen Staaten heutzutage eine grundsätzliche Glaubensfreiheit (→ Menschenrechte) in ihren Verfassungen verankern, erkennt die neue iranische Verfassung zum Beispiel als Minoritäten nur Juden, Christen und Parsen an, deren Rechte mit denen der früheren „Schutzbefohlenen" zu vergleichen sind.

UMAIYYADEN

Die Umaiyyaden leiten ihren Namen von Umaiyya ab, dem Stammvater einer einflußreichen Sippe der Quraischiten (→ Mohammed). Mit der Herrschaft der Umaiyyaden wurde das Wahlprinzip der vier „Rechtgeleiteten Kalifen" durch eine dynastische Erbfolge ersetzt. Die Umaiyyaden waren eine Familie, die sich lange dem Propheten widersetzt hatte und erst spät

(Übernutzung von Wäldern, Steppen und Wasservorkommen und damit in Zusammenhang stehende Erosions-, Trocken-, Wasser- und Versalzungsschäden) wirtschaftliche Entwicklungsfragen als erstrangig betrachten. Allerdings analysierte der iranische Gelehrte Seyyid Hossein Nasr bereits 1968 in seiner Schrift „Man and Nature" – also noch vor dem Bericht des Club of Rome „Die Grenzen des Wachstums" (1972) – die Ursachen der Entfremdung von Mensch und Natur. Er geht von der Einheit von Mensch und Natur aus. Der Sinn der Schöpfung liegt für Gott darin, sich selbst auch in der Natur durch sein vollkommenstes Werk, den Menschen, erkennen zu lassen. Der Mensch hat eine eigentümliche Stellung in der Welt inne: Er ist gleichzeitig Herr und Wächter der Natur. Er darf bei seiner Herrschaft nie den göttlichen Bezug der Natur vergessen; denn er gehört als Bindeglied zwischen Gott und Natur beiden Bereichen an. Aus diesem Grund könne nur ein oberflächlicher Mensch die ihm verwandte Natur ausbeuten.

Auch islamische Mystiker beschäftigen sich intensiv mit Natur- und Umweltfragen. Sie betrachten zum Teil die Erde als empfindendes Wesen, die am Tag der Auferstehung (→ Paradies) über das an ihr begangene Unrecht berichtet.

Der Pakistaner Iqtidar H. Zaidi unterstreicht, daß die heutige Umweltzerstörung eine moralische Krise des Menschen ist, der aufgrund von Gier, Unwissenheit und hohen Ansprüchen vergißt, daß er und die Umwelt Gottes Schöpfung sind. Viele Muslime heben hervor, daß die Erde – obwohl sie dem Menschen eine Zeitlang zur Verfügung gestellt ist (2,36) – letztlich Gott gehört. Man kann also von einer theozentrischen Umweltethik des Islam sprechen.

VORHERBESTIMMUNG

Muslime gelten fälschlicherweise oft als Fatalisten, die sich angesichts eines willkürlich handelnden Gottes passiv verhielten und alle persönlichen und gesellschaftlichen Gegebenheiten als gottgewollt hinnähmen. Man spricht, teilweise auch heute noch, vom Kismet-Glauben (→ Kismet).

In der ersten mekkanischen (→ Mekka) Phase warnt Mohammed (→ Mohammed) vor dem Jüngsten Gericht (→ Paradies). Er betont die Macht Gottes, um die Menschen zur Umkehr aufzurütteln. Gute Taten werden belohnt, schlechte dagegen bestraft. Daher ist die Vorherbestimmung in dieser Phase noch kein Thema. In einigen Texten der zweiten mekkanischen

Phase ist davon die Rede, daß Gott die Menschen „in die Irre führt". In der Regel geschieht dies aber als Strafe für vorher begangene Taten. Mohammed erfährt angesichts des beginnenden Widerstandes der Mekkaner gegen seine Botschaft eine Bestärkung und Tröstung durch die Gewißheit, daß es nicht seine Schuld ist, wenn die Menschen uneinsichtig sind.
In der dritten mekkanischen Phase nimmt der Widerstand jedoch in einem solchen Maße zu, daß Mohammed die Mekkaner als „verstockt" empfindet. Trotzdem wird auch hier von der Verantwortung des Menschen gesprochen, der für sein Erdenleben Rechenschaft ablegen muß. In Medina (→ Medina) räumt Mohammed der Freiheit des Menschen wieder größeren Raum ein. Allerdings muß er bei der Organisation seiner Gemeinde (→ Umma) auch die Feststellung machen, daß seine Anhänger schwach sind, zum Unglauben neigen und Gottes „Zeichen" (→ Ayatollah; → Koran) nicht beachten. Dennoch können sie aus eigener Kraft umkehren.
Die teilweise widersprüchlich erscheinenden Aussagen im Koran, die sich aus dem situativen Kontext erklären lassen, wirkten sich auf die spätere islamische Theologie aus. Die Schule der „Dschabariten" ging davon aus, daß es keinen freien Menschen geben könne, da hierdurch die Allmacht Gottes beeinträchtigt werde. Die „Qadariten" und später die „Mutaziliten" vertraten die Ansicht, daß ein gerechter Gott nur einen frei handelnden Menschen zur Verantwortung ziehen könne. Die „Mutaziliten" sind die Begründer der ältesten spekulativen Schule innerhalb des sunnitischen Islams. Entstanden ist sie in der ersten Hälfte des 8. Jahrhunderts. Sie war im Irak, in Ägypten und später auch in Spanien und dem Iran vertreten. Ihre Blüte erlebte sie im 9. Jahrhundert. Ihre Entstehung ist eng verbunden mit der Frage nach der Verantwortlichkeit des Menschen. Das Verhalten Alis (→ Ali) gegenüber seinen Gegnern sowie die Einstellung der Umaiyyaden, die alle Vergehen muslimischer Bürger mit der göttlichen Vorherbestimmung entschuldigten, bestimmten ihre Doktrin von der Freiheit des Menschen im Denken und Handeln. Da nach ihrer Ansicht der Glaube durch die Vernunft verstanden werden sollte, gerieten sie in Konflikt zu den Traditionsanhängern, für die nur der Wortlaut der Offenbarung maßgebend war. Die „Mutaziliten" übten auch an den Schiiten (→ Schiiten) und nichtislamischen Religionen Kritik, wobei sie jedoch einiges von Juden und Christen (→ Schriftbesitzer) übernahmen. Ihre Opposition zu den Umaiyyaden stellte sie in die Gunst der Abbasiden (→ Abbasiden) und half mit, jene Atmosphäre zu schaffen, die die Übernahme griechischer Wissenschaften ermöglichte. Angeregt vom griechischen Gedankengut, gelang es

schlagen läßt. Die ganze Gegend war übersät mit heiligen Steinen, die in vorislamischer Zeit wichtige Verehrungsstätten waren. Zur Verehrung dieser Steine gehörte in Safa und Marwa die rituelle Umkreisung. Quellen bezeugen, daß die Kultteilnehmer die Idole berührt haben. Der Koran verknüpft die altarabische Laufprozession mit dem Abraham- (→ Abraham) und Hagar-Geschehen: Abraham soll in jener Gegend vor dem Teufel geflohen sein. Er hatte zwei Frauen, die kinderlose Sarah und Hagar, die er mit Einverständnis Sarahs ehelichte, um einen Sohn zu bekommen. Beide Frauen stritten sich jedoch, als der Sohn Ismail geboren war. Die Situation wurde schließlich unerträglich, und Abraham schickte seine zweite Frau und das Kind fort in die Wüste. Die verzweifelt nach Wasser suchende Hagar stieg auf den Hügel von as-Safa, um nach einer vorbeiziehenden Karawane Ausschau zu halten. Dann lief sie nach Marwa, kehrte ergebnislos zurück und rannte erneut nach Safa. So lief sie insgesamt siebenmal hin und her: Vorbild für die Laufprozession der Muslime, die damit an dieses Ereignis erinnern wollen.

Der eigentliche Hadschdsch beginnt am 8. Tag. Die Pilger versammeln sich in Mina und brechen zum Berg Arafat auf, dem Berg der Gnade. Am 9. Tag müssen sich die Pilger vom Mittag bis Sonnenuntergang dort aufhalten. Sobald die Sonne ihren Zenit erreicht hat, findet das zentrale Hadschdsch-Ereignis statt: Die Pilger verrichten das rituelle Gebet und „stehen" in der Ebene von Arafat bis zum Untergang der Sonne. Der Wuquf-Ritus des „Stehens" gilt als Höhepunkt des gesamten Hadschdsch. Ein Imam (→ Imam) hält die Predigt und erinnert an die Abschiedspredigt des Propheten Mohammed, die dieser auf seiner letzten Wallfahrt an dieser Stelle gehalten hat. Nach dem Sonnenuntergang brechen die Pilger von Arafat nach Maschar (Muzdalifa) auf, wo sie bis zum Sonnenuntergang des 10. Tages bleiben. Dies kurze Verweilen nutzen die Pilger u.a. dazu, um 49 bzw. 70 Steinchen zu sammeln. Dann geht die Wanderung weiter in Richtung Mina, wo sie nach Sonnenaufgang ankommen. Hier findet dann die symbolische Steinigung des Satans statt, die ebenfalls mit der Sieben verknüpft ist. Die Pilger werfen an drei aufeinanderfolgenden Tagen jeweils sieben Kieselsteine gegen drei „Steinsäulen". In Mina findet das große Opferfest (→ Opferfest) statt, bei dem jeder Pilger, der dazu in der Lage ist, ein Schaf oder eine Ziege schlachtet. Dieses Ereignis soll an das Abrahamopfer erinnern: Gott forderte im Koran Abraham, auf, seinen Sohn zu opfern. Anschließend begeben sich die Pilger wieder nach Mekka, vollziehen einen weiteren siebenmaligen Rundlauf um die Kaaba und verrichten

zwei Einheiten des Tawafgebetes. Auch der Lauf zwischen Safa und Marwah wird wiederholt. Schließlich erfolgt eine Abschlußumkreisung um die Kaaba. Die Pilger kehren am 10. Tag nach Mina zurück, erneut wird der Satan gesteinigt. Es dem Propheten gleichzutun, seinem Vorbild zu folgen, zu Abraham an den Anfang der Geschichte zurückzukehren – diese Vision setzt alljährlich Massen in Bewegung. Körperliche Strapazen scheinen in keinem Verhältnis zu dem seelischen Gewinn zu stehen. Für kurze Zeit wenigstens mögen manche Pilger wohl die Erfahrung machen, sich in einem nichtentfremdeten, ursprünglichen, ganzheitlichen Zustand zu befinden: ganz nahe bei Gott im Kreis der Mitgläubigen.
Die Verehrung des heiligen Steines wird gern im Anschluß an eine Aussage des 2.Kalifen (→ Kalifat) Umar so begründet: „Ich weiß, daß Du nur ein Stein bist, der weder Gutes noch Böses tun kann. Wenn ich nicht gesehen hätte, wie der Prophet Dich geküßt hat, hätte ich Dich niemals geküßt."

WIRTSCHAFT

Der Islam sieht im Streben nach wirtschaftlichem Erfolg etwas Positives. Mohammed selbst stammte aus einer Kaufmannsgesellschaft, und zahlreiche Beispiele seiner Lehre sind in diesem Milieu angesiedelt. Es bestehen einige Gemeinsamkeiten zwischen der katholischen Sozial- und der islamischen Wirtschaftslehre:

1. Der Mensch wurde als Ebenbild (Christentum) oder als Stellvertreter (Khalifa) Gottes (→ Adam; → Menschenbild; → Gott) geschaffen. Die Reichtümer dieser Erde stehen ihm zur Verfügung (→ Tier; → Umwelt). Jedoch bedarf er der göttlichen Rechtleitung beim Erwerb und Gebrauch der irdischen Güter. Das bedeutet, daß die materiellen Erwägungen des Wirtschaftslebens auf einer gesunden religiösen und moralischen Basis stehen müssen.
2. Alles, was auf Erden existiert, gehört Gott. Der Besitz des Menschen ist dem untergeordnet. Der einzelne und die Gemeinschaft (→ Umma) besitzen ein Nutzungsrecht, sind aber gleichzeitig Treuhänder des göttlichen Besitzes auf Erden. Sie sind verpflichtet, diese Güter verantwortungsvoll zu verwalten.
3. Vom Menschen wird kein Leben in Armut (→ Armut) verlangt. Er soll allerdings bereit sein, einen Teil seines Vermögens den Bedürftigen zu geben und für wohltätige Zwecke zu spenden. Im Islam wurde dieser Forderung in der „Pflichtabgabe" (→ Zakat) verankert. Die Anhäufung von

Literaturhinweise

Ethik der Religionen – Lehre und Leben, hg. von Michael Klöcker und Udo Tworuschka, Bde. 1-5, Göttingen/München 1984-1986.

Abdoldjavad Falaturi und Udo Tworuschka: Der Islam im Unterricht. Beiträge zur interkulturellen Erziehung in Europa, Braunschweig, 2. Aufl. 1992.

Reinhard Kirste/Paul Schwarzenau/Udo Tworuschka (Hg.): Engel – Elemente – Energien (Religionen im Gespräch, Bd. 2), Iserlohn 1992.

Paul Schwarzenau: Korankunde für Christen. Ein Zugang zum heiligen Buch der Moslems, 2. erw. Auflage 1990.

Johann Dietrich Thyen: Bibel und Koran. Eine Synopse gemeinsamer Überlieferungen, Köln/Wien, 2. Aufl. 1992.

Monika Tworuschka: Islam, Göttingen 1982.

Monika und Udo Tworuschka (Hg.): Vorlesebuch Fremde Religionen, Bd. 1: Judentum – Islam, Lahr und Düsseldorf, 2. Aufl. 1992.

Monika und Udo Tworuschka (Hg.): Bertelsmann Handbuch Religionen der Welt, München 1992.

bibel
kirche
gemeinde

Eine Sachbuchreihe mit Arbeitsbüchern für die Praxis

Band 1 **Kleine Konkordanz.** 94. Tausend. 272 Seiten

Band 2 **Kleines Bibellexikon.** 156. Tausend. 344 Seiten mit 90 Abb. und Karten

Band 3 **Kleines Begriffslexikon.** 21. Tausend. 172 Seiten

Band 5 **Liedkonkordanz.** 16. Tausend. 378 Seiten

Band 7 **Bibelquiz.** 1437 Fragen und Antworten. 18. Tausend. 231 Seiten

Band 9 **Lexikon christlicher Symbole.** 6. Aufl. 256 Seiten mit 150 Abbildungen

Band 10 **Biblische Namen kurz erklärt.** 5. Aufl. 198 Seiten mit 8 Karten

Band 12 **. . . neben den Kirchen.** Gemeinschaften, die ihren Glauben auf besondere Weise leben wollen. 9. Aufl. VIII, 415 Seiten

Band 14 **Glaubensfragen unter der Lupe.** 190 Seiten

Band 15 **Unser Tun und Lassen.** Leitfaden evangelischer Ethik. 444 Seiten

Band 16 **Kleines Lexikon des Judentums.** 2. Aufl. 332 Seiten mit 38 Abbildungen

Band 17 **Israels Geschichte zur alttestamentlichen Zeit.** Band 1. 320 Seiten mit 10 Karten

Christliche Verlagsanstalt Konstanz